Dimensionamento de estruturas em situação de incêndio
segundo as Normas Brasileiras

João Paulo Correia Rodrigues
Rafael Luiz Galvão de Oliveira

© Copyright 2021 Oficina de Textos

Grafia atualizada conforme o Acordo Ortográfico da Língua Portuguesa de 1990, em vigor no Brasil desde 2009.

Conselho Editorial   Arthur Pinto Chaves; Cylon Gonçalves da Silva; Doris C. C. K. Kowaltowski; José Galizia Tundisi; Luis Enrique Sánchez; Paulo Helene; Rosely Ferreira dos Santos; Teresa Gallotti Florenzano

Capa, projeto gráfico e diagramação   Malu Vallim
Preparação de figuras   Maria Clara
Preparação de textos   Hélio Hideki Iraha
Revisão de textos   Ana Paula Ribeiro
Impressão e acabamento   BMF gráfica e editora

Dados Internacionais de Catalogação na Publicação (CIP)
(Câmara Brasileira do Livro, SP, Brasil)

Rodrigues, João Paulo Correia
 Dimensionamento de estruturas em situação de incêndio : segundo as normas brasileiras / João Paulo Correia Rodrigues, Rafael Luiz Galvão de Oliveira. -- 1. ed. -- São Paulo : Oficina de Textos, 2021.

 Bibliografia
 ISBN 978-65-86235-22-7

 1. Engenharia civil 2. Engenharia civil (Estruturas) I. Oliveira, Rafael Luiz Galvão de. II. Título.

21-67366   CDD-624.15

Índices para catálogo sistemático:
1. Engenharia civil 624.15

Aline Graziele Benitez - Bibliotecária - CRB-1/3129

Todos os direitos reservados à **Oficina de Textos**
Rua Cubatão, 798
CEP 04013-003 São Paulo Brasil
tel. (11) 3085-7933
www.ofitexto.com.br   e-mail: atend@ofitexto.com.br

PREFÁCIO

A segurança contra incêndio é uma área exigente, transversal a diferentes engenharias e à arquitetura. Essa área engloba diferentes temáticas, que vão desde a detecção até a extinção do incêndio, passando pelo dimensionamento da estrutura e pelo comportamento dos materiais em situação de incêndio. Nos últimos anos, têm surgido por todo o mundo, inclusive no Brasil, cursos e literatura na área, todavia há ainda um grande caminho a percorrer para que ela atinja o nível de outras áreas do conhecimento.

Este livro tem como objetivo fornecer os conhecimentos básicos para a compreensão do comportamento das estruturas em situação de incêndio, bem como seus diversos métodos de dimensionamento e verificação. Os conceitos fundamentais da engenharia de segurança ao incêndio são apresentados de maneira introdutória no capítulo inicial. Os capítulos seguintes apresentam os métodos de dimensionamento dos diferentes tipos de estrutura. O último capítulo diz respeito à avaliação e à reparação das estruturas danificadas por incêndio. O texto foi elaborado para servir como material de base para os cursos de graduação e especialização em que a temática do dimensionamento das estruturas em situação de incêndio seja ministrada, assim como material de consulta para profissionais que atuem na área.

São apresentados os métodos de dimensionamento tendo por base as normas técnicas brasileiras que tratam do dimensionamento de estruturas em situação de incêndio. Com o objetivo de facilitar o entendimento e tornar o processo de dimensionamento dessas estruturas mais prático, optou-se por abordagens simplificadas em partes do livro. São apresentados alguns exercícios simples resolvidos e outros propostos para resolução pelo leitor. Assuntos menos frequentes no cotidiano profissional foram omitidos. Portanto, recomenda-se que este livro seja utilizado concomitantemente com as normas técnicas referidas e as instruções técnicas do Corpo de Bombeiros da unidade federativa onde a obra esteja situada.

Este livro compreende uma cobertura atual e abrangente dos diversos aspectos relacionados à segurança contra incêndio, com foco no dimensionamento de estruturas, refletindo o estado da arte do projeto e a prática da segurança contra incêndio no Brasil. Devido à universalidade dos conceitos de engenharia de segurança ao incêndio, apesar das pequenas diferenças entre as legislações estaduais das unidades federativas brasileiras, o material exposto nesta obra é igualmente aplicável aos projetos realizados em todo o país.

Os capítulos foram escritos com base nas normas brasileiras de segurança contra incêndio, em particular as de dimensionamento das estruturas, atualmente em vigor. O capítulo de dimensionamento ao fogo de estruturas de madeira foi escrito com base num projeto de norma que atualmente ainda não se encontra em vigor. Essas normas são normalmente evolutivas, pelo que este livro terá evoluções no futuro, todavia a essência de base será sempre a mesma e se manterá ao longo dos anos e das várias edições.

O livro foi escrito com o objetivo de ser relevante não apenas para estudantes de Engenharia e Arquitetura, mas também para pesquisadores, engenheiros, técnicos e projetistas. Devido à pouca disponibilidade no Brasil de material relacionado com o dimensionamento das estruturas em situação de incêndio, este texto visa dar uma pequena contribuição para a formação e a qualificação dos profissionais da área.

Os autores

LISTA DE SÍMBOLOS

Letras romanas maiúsculas

A_a – área do perfil de aço do pilar misto;
A_c – área da seção de concreto;
A_f – área do piso do compartimento;
A_g – área bruta da seção transversal do elemento estrutural;
A_s – área total da seção das barras de aço;
$A_{s,calc}$ – área de aço calculada;
$A_{s,ef}$ – área de aço efetiva;
A_v – área de ventilação vertical, incluindo portas, janelas e aberturas;
A_{vi} – área da abertura i;
$E_{a,\theta}$ – módulo de elasticidade do aço do perfil na temperatura θ;
$E_{c,\theta}$ – módulo de elasticidade do concreto na temperatura θ;
$E_{ef,fi}$ – módulo de elasticidade das madeiras em situação de incêndio;
E_s – módulo de elasticidade do aço de armadura passiva à temperatura ambiente;
$E_{s,\theta}$ – módulo de elasticidade do aço de armadura passiva na temperatura θ;
$E_{0,2}$ – módulo de elasticidade da madeira em temperatura ambiente para o 20º percentil;
$F_{G,k}$ – valor característico das ações permanentes;
$F_{Q,exc}$ – valor característico das ações térmicas decorrentes do incêndio;
$F_{Q,k}$ – valor característico das ações variáveis decorrentes do uso e da ocupação da edificação;
$F_{W,k}$ – valor característico da ação do vento;
H – altura do compartimento, em m;
H_i – potencial calorífico específico de cada componente i do material combustível;
I – momento de inércia;
I_x – momento de inércia da seção transversal em relação ao eixo x;
I_y – momento de inércia da seção transversal em relação ao eixo y;
K – coeficiente que leva em conta as características térmicas dos elementos de vedação;
L – vão ou comprimento em geral;
L_{ef} – comprimento efetivo do vão da viga ou comprimento equivalente do pilar;
$L_{ef,fi}$ – comprimento equivalente do pilar em situação de incêndio;
M – fator de correção que leva em conta o material da estrutura; momento fletor;
$M_{0Sd,fi}$ – valor do momento fletor de primeira ordem em situação de incêndio;

M_{cr} – momento fletor de flambagem elástica à temperatura ambiente dos perfis cobertos pela NBR 8800 (ABNT, 2008);

M_e – momento fletor de flambagem elástica à temperatura ambiente dos perfis cobertos pela NBR 14762 (ABNT, 2010b);

M_i – massa total de cada componente i do material combustível;

$M_{fi,Rd}$ – momento fletor resistente de cálculo em situação de incêndio;

$M_{fi,Sd}$ – momento fletor solicitante de cálculo em situação de incêndio;

M_{pl} – momento de plastificação à temperatura ambiente;

$M_{x,fi,Rd}$ – momento fletor resistente de cálculo em situação de incêndio em relação ao eixo x;

$M_{x,fi,Sd}$ – momento fletor solicitante de cálculo em situação de incêndio em relação ao eixo x;

$M_{y,fi,Rd}$ – momento fletor resistente de cálculo em situação de incêndio em relação ao eixo y;

$M_{y,fi,Sd}$ – momento fletor solicitante de cálculo em situação de incêndio em relação ao eixo y;

$N_{0Sd,fi}$ – valor do esforço normal de compressão de primeira ordem em situação de incêndio;

$N_{fi,e}$ – carga de flambagem elástica em situação de incêndio:

$N_{fi,p,Rd}$ – força axial de plastificação de cálculo em situação de incêndio;

$N_{fi,Rd}$ – força axial resistente de cálculo de uma barra axialmente tracionada ou comprimida em situação de incêndio;

$N_{fi,Sd}$ – força axial solicitante de cálculo em situação de incêndio;

N_{Rd} – força axial de compressão resistente de cálculo à temperatura ambiente;

N_s – força axial de tração resistente proporcionada pela armadura à temperatura ambiente;

N-δ – efeitos locais de não linearidade geométrica;

P-Δ – efeitos globais de não linearidade geométrica;

$R_{fi,d}$ – esforço resistente de cálculo do elemento estrutural para o estado-limite último em consideração em situação de incêndio;

R_μ, R_a, R_l, R_b, R_n – termos para o cálculo do tempo de resistência ao fogo no método analítico para pilares de concreto armado;

$S_{fi,d}$ – esforço solicitante de cálculo em situação de incêndio;

$V_{fi,Rd}$ – força cortante resistente de cálculo em situação de incêndio;

$V_{fi,Sd}$ – força cortante solicitante de cálculo em situação de incêndio;

W – fator relacionado à ventilação do ambiente e à altura de compartimentação;

W_c – módulo resistente elástico da seção transversal; é um fator que depende da área de ventilação e da altura do compartimento;

$W_{c,ef}$ – módulo resistente elástico da seção transversal efetiva em relação às fibras extremas comprimidas.

Letras romanas minúsculas

b – largura; largura efetiva da laje de concreto; largura das mesas de uma seção I; coeficiente;

b_c – largura da seção mista;

b_f – largura da mesa do perfil de aço;

b_{fi} – largura da mesa inferior do perfil de aço;

b_{fs} – largura da mesa superior do perfil de aço;

b_{min} – dimensão mínima do elemento;

b_w – largura em vigas com talão;

b_{wmin} – largura mínima da viga;

c – cobrimento de concreto para o perfil de aço;

c_1 – distância entre o eixo da armadura longitudinal e a face do concreto exposta ao fogo;

c_p – calor específico do concreto;

c_a – calor específico do aço;

$c_{p,top}$ – calor específico do concreto na faixa de 100 °C a 115 °C;

c_m – calor específico do material de revestimento contra fogo;

d – diâmetro do perfil tubular;

d_c – altura da seção mista;

$d_{char,0}$ – espessura de carbonização unidimensional;

$d_{char,n}$ – espessura de carbonização equivalente, incluindo o efeito de arredondamento de cantos e fissuras;

d_{ef} – altura efetiva em vigas com talão; espessura efetiva de carbonização;

d_1, d_2 – dimensões em vigas com talão;

e_j – espessura da fatia j;

$f_{c,\theta}$ – resistência à compressão do concreto na temperatura θ;

f_{ck} – resistência característica à compressão do concreto à temperatura ambiente;

$f_{ck,\theta}$ – resistência característica à compressão do concreto em temperatura elevada;

$f_{d,fi}$ – resistência da madeira em situação de incêndio;

f_u – resistência à ruptura do aço do perfil à temperatura ambiente;

f_y – resistência ao escoamento do aço do perfil à temperatura ambiente;

$f_{y,\theta}$ – resistência ao escoamento do aço do perfil em temperatura elevada;

$f_{y,k}$ – resistência característica do aço de armadura passiva à temperatura ambiente;

f_{ys} – resistência ao escoamento do aço da armadura à temperatura ambiente;

$f_{ys,\theta}$ – resistência ao escoamento do aço da armadura à temperatura elevada;

$f_{0,2}$ – resistência em temperatura ambiente para o 20° percentil;

h – altura da alma; altura da seção transversal de um elemento; altura da edificação;

h_{eq} – altura média das aberturas calculada conforme equação;

h_{ef} – espessura efetiva da laje mista;

h_i – altura da abertura i;

$k_{c,\theta}$ – fator de redução da resistência do concreto na temperatura θ;

$k_{Es,\theta}$ – fator de redução do módulo de elasticidade do aço da armadura passiva na temperatura θ;

$k_{s,\theta}$ – fator de redução da resistência do aço na temperatura θ;

$k_{y,\theta}$ – fator de redução da resistência ao escoamento das seções que não estão sujeitas à flambagem local em temperaturas elevadas;

$k_{\sigma,\theta}$ – fator de redução da resistência ao escoamento das seções que estão sujeitas à flambagem local em temperaturas elevadas;

$k_{E,\theta}$ – fator de redução do módulo de elasticidade em temperaturas elevadas;

k_{sh} – fator de sombreamento;

k_{mod} – coeficientes de modificação aplicáveis no dimensionamento de estruturas de madeira (k_{mod1}, k_{mod2}, k_{mod3});

$k_{mod,fi}$ – coeficiente de modificação em situação de incêndio;

k_{fi} – coeficiente de modificação dependente do tipo de madeira;

l – distância entre os eixos dos elementos estruturais aos quais o pilar está vinculado, vão, comprimento;

l_{ef} – comprimento efetivo do vão da viga ou comprimento equivalente do pilar;

$l_{ef,fi}$ – comprimento equivalente do pilar em situação de incêndio;

l_x – menor dimensão em planta da laje;

l_y – maior dimensão em planta da laje;

n – número de barras longitudinais no pilar; número de fatias adotado; número de elementos de uma amostra; quantidade de pinos metálicos em uma mesma linha;

n_0 – quantidade, para cálculo, de pinos metálicos em uma mesma linha;

q_{fi} – carga de incêndio específica;

r – raio de giração;

t – tempo requerido de resistência ao fogo (TRRF); espessura; tempo, em min;

t_c – espessura da laje de concreto;

t_{eq} – tempo equivalente, em min;

t_f – espessura da mesa do perfil de aço;

t_{fi} – espessura da mesa inferior do perfil de aço;

t_{fs} – espessura da mesa superior do perfil de aço;

t_m – espessura do material de revestimento contra fogo;

t_w – espessura da alma;

u – perímetro do elemento estrutural exposto ao incêndio;

u/A_g – fator de massividade para elementos estruturais de aço sem revestimento;

u_m – perímetro do material de revestimento contra fogo, igual ao perímetro da face interna do material de revestimento, limitado à dimensão do perímetro do elemento estrutural de aço;

u_m/A_g – fator de massividade para elementos estruturais envolvidos por material de revestimento contra fogo;

u_s – distância mínima da face do concreto ao eixo das barras da armadura;

u_{sm} – média geométrica das distâncias dos eixos das barras até as faces externas do concreto;

u_1 – distância do eixo da barra da armadura à face interna da mesa do perfil metálico;

u_2 – distância do eixo da barra da armadura à superfície do concreto.

Letras gregas

α – ângulo entre a alma da fôrma e o eixo horizontal;

α_c – coeficiente de transferência de calor por convecção;

β_0 – taxa de carbonização unidimensional;

β_n – taxa de carbonização equivalente para madeiras secas, incluindo o efeito de arredondamento de cantos e fissuras;

$\gamma_{w,fi}$ – coeficiente de minoração da resistência da madeira em situação de incêndio;

γ_{a1} – coeficiente de ponderação da resistência do aço;

γ_c – coeficiente de ponderação da resistência do concreto;

γ_g – coeficiente de ponderação para ação permanente;

γ_n – coeficiente adimensional que leva em conta a presença de medidas de proteção ativa na edificação;

γ_r – fator que depende do risco de ativação do incêndio;

γ_s – coeficiente adimensional de segurança que leva em conta o perigo de início e propagação de incêndio, bem como as consequências do colapso da edificação;

Δt – intervalo de tempo por passo;

$\varepsilon_{c,\theta}$ – deformação linear específica correspondente do concreto à temperatura θ;

$\varepsilon_{c1,\theta}$ – deformação linear específica correspondente à tensão máxima do concreto à temperatura θ;

ε_{res} – emissividade resultante;

η_{fi} – nível de carga;

θ – temperatura;

θ_a – temperatura da superfície da estrutura;

$\theta_{c,j}$ – temperatura da fatia j;

θ_g – temperatura dos gases no instante t;

θ_o – temperatura do ambiente antes do início do aquecimento;

κ – fator de correção para temperatura não uniforme na seção transversal;

λ – condutividade térmica; parâmetro de esbeltez à temperatura ambiente;

λ_{fi} – índice de esbeltez reduzido para barras submetidas à compressão em temperatura elevada;

λ_m – condutividade térmica do material de revestimento contra fogo;

λ_0 – índice de esbeltez reduzido para barras submetidas à compressão axial à temperatura ambiente;

λ_p – parâmetro de esbeltez correspondente à plastificação à temperatura ambiente;

$\lambda_{p,fi}$ – parâmetro de esbeltez correspondente à plastificação em situação de incêndio;

λ_r – parâmetro de esbeltez correspondente ao início do escoamento à temperatura ambiente;

$\lambda_{r,fi}$ – parâmetro de esbeltez correspondente ao início do escoamento em situação de incêndio;

μ_{fi} – relação entre os esforços solicitantes de cálculo em situação de incêndio e os esforços resistentes de cálculo à temperatura ambiente;

ν_{fi} – força reduzida adimensional em situação de incêndio;

ρ – massa específica;

ρ_a – massa específica do aço;

ρ_m – massa específica do material de revestimento;

$\sigma_{c,\theta}$ – valor da tensão à compressão do concreto à temperatura θ;

$\varnothing$ – fator de configuração (ou fator de vista da mesa superior da fôrma);

φ – fluxo de calor por unidade de área; coeficiente de redução dependente das tensões térmicas;

φ_c – componente do fluxo de calor devido à convecção;

φ_r – componente do fluxo de calor devido à radiação;

Φ – integridade estrutural;

X_{fi} – fator de redução associado à resistência à compressão em situação de incêndio;

X_{dist} – fator de redução da força axial de compressão resistente associado à flambagem distorcional;

ω – taxa mecânica de armadura.

LISTA DE SIGLAS

ELS – estado-limite de serviço;

ELU – estado-limite último;

IT – Instrução Técnica;

Nox – número de oxidação;

RWS – Rijkswaterstaat (Ministério de Infraestrutura e Gestão da Água da Holanda);

TRF – tempo de resistência ao fogo;

TRRF – tempo requerido de resistência ao fogo.

SUMÁRIO

1 CONCEITOS BÁSICOS DE SEGURANÇA CONTRA INCÊNDIO 13
  1.1 O fenômeno da combustão 13
  1.2 Meios de transferência de calor 14
  1.3 Fases de um incêndio 16
  1.4 Sistemas de proteção 18
  1.5 Materiais de proteção térmica 19
  1.6 Exercícios propostos 20

2 EXIGÊNCIAS DE RESISTÊNCIA AO FOGO DAS EDIFICAÇÕES 21
  2.1 Conceitos de resistência ao fogo dos elementos estruturais 21
  2.2 Curvas de incêndio padronizadas 22
  2.3 Determinação do tempo requerido de resistência ao fogo 24
  2.4 Estruturas isentas de verificação estrutural em situação de incêndio 34
  2.5 Exercícios resolvidos 36
  2.6 Exercícios propostos 39

3 DIMENSIONAMENTO AO FOGO DE ESTRUTURAS DE CONCRETO ARMADO 40
  3.1 Diretrizes gerais de projeto 40
  3.2 Propriedades dos materiais em situação de incêndio 41
  3.3 Ações e solicitações em situação de incêndio 51
  3.4 Método tabular 52
  3.5 Método simplificado de cálculo 69
  3.6 Método analítico para pilares 69
  3.7 Método avançado de cálculo 71
  3.8 Método experimental 72
  3.9 Considerações sobre o método do tempo equivalente para estruturas de concreto armado 72
  3.10 Exercícios resolvidos 72
  3.11 Exercícios propostos 78

4 DIMENSIONAMENTO AO FOGO DE ESTRUTURAS DE AÇO 80
  4.1 Diretrizes gerais de projeto 80
  4.2 Propriedades dos materiais em situação de incêndio 80
  4.3 Ações e solicitações em situação de incêndio 86
  4.4 Método simplificado de dimensionamento 87

4.5	Método avançado de dimensionamento	102
4.6	Método experimental	103
4.7	Reutilização da estrutura após um incêndio	104
4.8	Considerações sobre o método do tempo equivalente para estruturas de aço	104
4.9	Exercícios resolvidos	104
4.10	Exercícios propostos	115

5 DIMENSIONAMENTO AO FOGO DE ESTRUTURAS MISTAS DE AÇO E CONCRETO 116

5.1	Diretrizes gerais de projeto	116
5.2	Propriedades dos materiais em situação de incêndio	116
5.3	Ações e solicitações em situação de incêndio	117
5.4	Método tabular para pilares mistos	117
5.5	Método simplificado	121
5.6	Detalhes construtivos para elementos mistos	139
5.7	Método avançado de dimensionamento	145
5.8	Método experimental	145
5.9	Exercícios resolvidos	145
5.10	Exercícios propostos	152

6 DIMENSIONAMENTO AO FOGO DE ESTRUTURAS DE MADEIRA 155

6.1	Diretrizes gerais de projeto	155
6.2	Curva de incêndio-padrão	155
6.3	Segurança estrutural	156
6.4	Ações e combinações	156
6.5	Determinação da seção transversal residual	158
6.6	Ligações com conectores metálicos	159
6.7	Exercícios resolvidos	160

7 AVALIAÇÃO E REABILITAÇÃO DE ESTRUTURAS DANIFICADAS POR INCÊNDIO 163

7.1	Efeito da temperatura nos materiais	164
7.2	Ensaios para a caracterização das propriedades residuais	171
7.3	Classificação de danos	172
7.4	Critérios gerais de reparação	173
7.5	Técnicas de reparação	174

ANEXO – CARGAS DE INCÊNDIOS 182

BIBLIOGRAFIA CONSULTADA 189

BIBLIOGRAFIA COMPLEMENTAR 191

[As figuras com o símbolo ▰ são apresentadas em versão colorida nas páginas 180 e 181.]

CONCEITOS BÁSICOS DE SEGURANÇA CONTRA INCÊNDIO

1.1 O fenômeno da combustão

O fogo é um fenômeno físico-químico resultante da combustão. Nesse processo, o combustível reage quimicamente com o comburente, usualmente o oxigênio (O_2) presente no ar, em um fenômeno exotérmico que libera energia na forma de calor. Além do calor, a queima de combustíveis orgânicos também libera produtos como o dióxido de carbono (CO_2) e a água (H_2O).

As reações de combustão são classificadas como reações de oxirredução. Os combustíveis sofrem oxidação, o que resulta na perda de elétrons e no aumento do seu número de oxidação (Nox). Os comburentes, por sua vez, sofrem redução, o que leva ao ganho de elétrons e à redução do Nox.

Os combustíveis orgânicos podem ser sólidos, líquidos ou gasosos. Os principais combustíveis sólidos presentes em edificações são madeiras, papéis, plásticos, polímeros, tecidos e afins. Para que se inicie a combustão de combustíveis sólidos, é necessário aquecê-los até que soltem vapores voláteis. Quando o calor proveniente da reação é suficiente para a liberação de mais vapores voláteis, acontece a reação em cadeia.

No caso dos combustíveis líquidos, pode-se citar etanol, gasolina, óleo diesel, gás liquefeito de petróleo (quando dentro do vasilhame), acetona e afins. Entre os combustíveis gasosos, destacam-se o gás liquefeito de petróleo (fora do vasilhame) e o gás natural.

Para a ocorrência da combustão, é necessária a ignição, responsável pelo fornecimento da energia de ativação da reação (Fig. 1.1). Uma vez iniciada a combustão, pode ocorrer a reação em cadeia, em que a própria energia gerada pela reação dá continuidade ao processo. A reação em cadeia continua a acontecer enquanto existir o comburente e o combustível. Os mecanismos de combate ao incêndio consistem em extinguir o comburente nos ambientes em chamas.

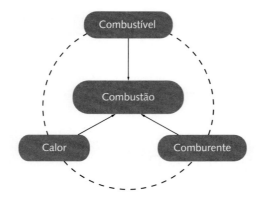

Fig. 1.1 Reação em cadeia da combustão

A combustão pode ser classificada como completa ou incompleta. Quando existe comburente suficiente para consumir todo o combustível, ocorre a combustão completa, e o Nox do carbono atinge seu valor máximo (+4). A combustão incompleta acontece na insuficiência de comburente para consumir todo o combustível, e o Nox do carbono atinge valores intermediários (+2 ou +3). A seguir são apresentadas as reações de combustão completa e incompleta do metano (CH_4):

Combustão completa do metano: $CH_4 + 2O_2 \rightarrow CO_2 + 2H_2O + calor$
Combustão incompleta do metano: $2CH_4 + 3O_2 \rightarrow 2CO + 4H_2O + calor$

As reações de combustão incompleta produzem menos energia, entretanto geram produtos mais tóxicos para as pessoas que ocupam o ambiente. O monóxido de carbono (CO), gás incolor e inodoro, é um produto da combustão incompleta de combustíveis orgânicos. A exposição ao monóxido de carbono tem como sintomas dores de cabeça e no peito, náusea, fraqueza e vômito, e, ainda que por curtos períodos de tempo, pode resultar em perda de consciência e morte.

1.2 Meios de transferência de calor

O calor pode ser transmitido por meio de convecção, radiação e condução. A transferência de calor em uma edificação em situação de incêndio depende de diversos fatores, incluindo material e tecnologia construtiva, ventilação e existência ou não de compartimentação.

1.2.1 Convecção

A convecção é um meio de transferência de calor que ocorre em gases e líquidos. Quando aquecidos, os gases e líquidos apresentam aumento de volume, o que resulta na redução de sua densidade. Em uma situação de incêndio, o gás próximo às chamas se aquece, tornando-se menos denso e ocupando a parte superior do ambiente. A porção do gás mais fria move-se para baixo e entra em contato com o foco de incêndio, aquecendo-se e tornando-se menos densa. Esse processo é repetido diversas vezes enquanto o foco de incêndio continua, gerando as correntes de convecção, que promovem o contato entre os gases quentes e os elementos da edificação, resultando na transferência de calor (Fig. 1.2).

1.2.2 Radiação

A radiação térmica, ou irradiação, é um meio de transferência de calor que ocorre pela propagação de ondas eletromagnéticas. Tais ondas podem se propagar no vácuo ou em gases, portanto não é necessário que exista contato entre os corpos para haver a transferência de calor. Todo corpo emite radiação térmica proporcional à sua temperatura absoluta (em K) elevada à quarta potência, logo, quanto maior a temperatura do corpo, maior a quantidade de calor irradiada. A radiação é o principal mecanismo de transferência de calor para temperaturas elevadas (Fig. 1.3).

Fig. 1.2 *Correntes de convecção decorrentes de um incêndio*

1.2.3 Condução

A condução térmica, ou difusão térmica, é um meio de transmissão de calor que ocorre através de um corpo sólido, de uma região com temperatura elevada para outra região com menor temperatura. A transmissão de calor por condução através de uma parede de compartimentação, por exemplo, dá-se quando o lado exposto ao fogo é aquecido, transferindo energia para a parede. A energia cinética das moléculas que a constituem aumenta, estas se chocam com outras moléculas que não estão em contato com o fogo, e tal agitação é transmitida de molécula para molécula, até que o outro lado da parede fique aquecido (Fig. 1.4).

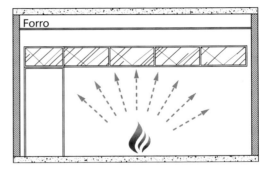

Fig. 1.3 *Radiação térmica decorrente de um incêndio*

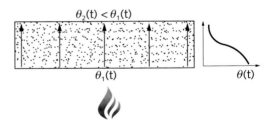

Fig. 1.4 *Transferência de calor por condução*

1.2.4 Transmissão de calor em um ambiente em situação de incêndio

Na prática, todos os meios de transmissão de calor atuam de maneira simultânea em situação de incêndio. A Fig. 1.5 apresenta os meios de transmissão de calor que ocorrem em uma parede que divide um ambiente em situação de incêndio de um ambiente em condições normais. O foco de incêndio é responsável por gerar:
- a radiação do foco de incêndio para o lado exposto da parede;
- as correntes de convecção no lado exposto;

- a elevação de temperatura na face exposta da parede e consequentemente a condução térmica nos blocos.

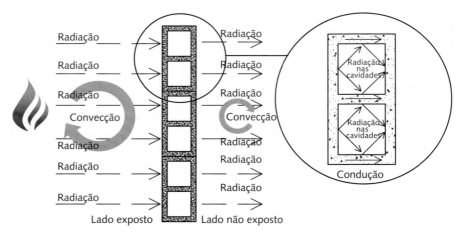

Fig. 1.5 *Transferência de calor em uma parede em uma situação de incêndio*

O aquecimento da face exposta da parede resulta em:
- radiação e correntes de convenção nas cavidades dos blocos;
- radiação do lado não exposto para o cômodo não exposto;
- convecção do lado não exposto.

1.3 Fases de um incêndio

A evolução de um incêndio pode ser representada por uma curva dividida em três etapas bem definidas:

- *Fase inicial de elevação de temperatura*: caracterizada pela ignição inicial. Nessa fase, pode ocorrer a ignição consecutiva de objetos presentes no ambiente ou o elemento em chamas pode queimar completamente e não transmitir calor para gerar novos pontos de ignição. As principais causas de incêndios residenciais estão relacionadas com instalações elétricas indevidas (excesso de carga, curto-circuito, contato imperfeito, disjuntores mal dimensionados e superaquecimento de aparelhos elétricos), chamas expostas (cigarros, velas, palitos de fósforo, fogões e afins) e instalações de gás liquefeito de petróleo (GLP) ou gás natural (GN) irregulares e/ou defeituosas.

  Em ambientes industriais, podem ocorrer ignições inerentes a atrito entre componentes mecânicos com lubrificação insuficiente, tais como mancais, rolamentos, roletes de esteiras e correias transportadoras, polias e afins. Equipamentos mecânicos subdimensionados também podem sofrer superaquecimento e causar focos de incêndio. Instalações elétricas incorretas são responsáveis por grande parte dos incêndios industriais.

- *Fase de aquecimento brusco*: caso não seja extinto na fase inicial, o fogo pode se propagar por convecção ou radiação, resultando na elevação repentina de temperatura no ambiente. Nessa fase, são produzidos gases inflamáveis e fumaça como resultado da combustão simultânea dos materiais presentes. A entrada de oxigênio no ambiente, por meio de portas e janelas abertas ou vidros quebrados, leva a aumento significativo da temperatura interna. O *flashover* é o momento em que ocorre a inflamação generalizada e o incêndio se espalha por todo o ambiente.

Quando acontece o *flashover*, o incêndio pode se propagar para outros ambientes da edificação pelos meios de transferência de calor anteriormente apresentados, atingindo pavimentos superiores por meio de aberturas como janelas, portas, sacadas e afins. A propagação dos gases quentes no ambiente realiza-se de maneira ascendente e antes da inflamação generalizada. O tempo necessário para o *flashover* depende dos materiais presentes, incluindo materiais de revestimento e acabamento, móveis e demais itens de decoração.

- *Fase de resfriamento*: caracterizada pela redução da disponibilidade do combustível ou do oxigênio no ambiente. Nessa fase, o incêndio apresenta diminuição em sua intensidade e consequente queda da temperatura. Após todo o combustível ou comburente ser consumido, o incêndio se extinguirá.

As fases citadas de um incêndio completo são apresentadas na Fig. 1.6. Caso o incêndio seja extinto antes do *flashover*, sua curva temperatura-tempo terá um comportamento semelhante ao mostrado na Fig. 1.7.

Os fatores que influenciam a evolução de um incêndio são os seguintes:

- *Presença de combustíveis*: a quantidade de combustível presente em um ambiente pode ser mensurada através da carga de incêndio, usualmente expressa em megajoules (MJ). Segundo a NBR 14432 (ABNT, 2001c), a carga de incêndio é definida pela soma das energias caloríficas que poderiam ser liberadas pela combustão completa de todos os materiais combustíveis em um espaço, contabilizando também os revestimentos de paredes, pisos e tetos, caso estes sejam combustíveis. A carga de incêndio específica (q_{fi}) pode ser obtida dividindo-se a carga de incêndio de um determinado ambiente por sua área em planta, sendo expressa em MJ/m². A carga de

Fig. 1.6 *Curva temperatura-tempo de um incêndio real*

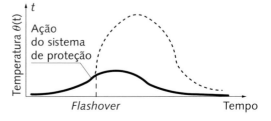

Fig. 1.7 *Curva temperatura-tempo de um incêndio extinto antes do* flashover

incêndio é utilizada para estimar a duração e a intensidade de um incêndio em determinado ambiente.
- *Presença de comburente*: durante o incêndio, a diferença de temperatura dos gases promove correntes de convecção que podem resultar na substituição periódica dos gases presentes no ambiente. Nesse contexto, um ar rico em oxigênio é constantemente introduzido no local, resultando na combustão completa do material combustível e, consequentemente, em um incêndio mais rápido e com temperaturas mais altas. Na impossibilidade de renovação do oxigênio no ambiente, ocorre a queima incompleta dos combustíveis presentes, o que leva a um incêndio com maior duração e menores temperaturas.

1.4 Sistemas de proteção

Os sistemas de proteção contra incêndio podem ser definidos como ativos e passivos. Ambos os sistemas de uma edificação devem complementar-se para garantir a detecção e o combate do incêndio, bem como a evacuação segura da edificação.

1.4.1 Sistemas de proteção ativa

Os sistemas de proteção ativa somente entram em ação em situação de incêndio, e, para tanto, é necessário seu acionamento, que pode ser automático ou manual. Esses sistemas são compostos pelos seguintes componentes:
- *sistema de detecção e alarme*: detecta o incêndio e alerta para a desocupação e para o início do combate ao incêndio;
- *sinalização de emergência*: tem o objetivo de reduzir a ocorrência de incêndios e orientar a evacuação dos ocupantes em caso de incêndio;
- *sistema de iluminação de emergência*: guia os ocupantes durante a desocupação do edifício;
- *meios de combate ao incêndio*: garantem o combate ao incêndio.

1.4.2 Sistemas de proteção passiva

Compartimentação horizontal e vertical

A compartimentação é uma medida de proteção passiva que tem o objetivo de evitar ou minimizar a propagação do incêndio, de calor e de gases, interna ou externamente ao edifício. O projeto prevê que a compartimentação divida o edifício em células, por meio de paredes, lajes e portas corta-fogo, selagem corta-fogo em bandejamento elétrico e outros requisitos arquitetônicos, tais como afastamento entre aberturas.

A compartimentação horizontal tem o objetivo de evitar que o fogo se espalhe horizontalmente ao longo do pavimento e para edificações vizinhas. Por sua vez, a compartimentação vertical tem o objetivo de evitar que o fogo ascenda para os pavimentos superiores e edifícios vizinhos.

Maiores informações sobre requisitos arquitetônicos para a compartimentação horizontal e vertical podem ser obtidas no guia de Silva, Vargas e Ono (2010), disponível no site do Centro Brasileiro da Construção em Aço (CBCA).

Resistência ao fogo dos elementos estruturais

A resistência ao fogo de um elemento estrutural é a propriedade deste em resistir à ação do fogo por determinado período, mantendo sua integridade estrutural, estanqueidade e isolamento térmico. Os conceitos de resistência ao fogo de edificações serão mais bem discutidos no Cap. 2.

O foco deste livro é o dimensionamento de estruturas em situação de incêndio, que tem o objetivo de garantir a resistência ao fogo dos elementos estruturais. Diversos métodos de dimensionamento serão apresentados: método tabular, métodos simplificados de cálculo e métodos avançados de cálculo. Caso o elemento estrutural não apresente a resistência ao fogo requerida, pode-se aumentar as dimensões de seus elementos ou este pode ser protegido com materiais de proteção térmica.

1.5 Materiais de proteção térmica

Alguns materiais de proteção podem ser empregados com o objetivo de retardar o aumento da temperatura nas estruturas. Esses materiais devem apresentar baixa densidade, condutividade térmica reduzida, calor específico alto, estabilidade mecânica e química durante o incêndio e um preço razoável. A baixa condutividade térmica e o calor específico alto retardam o aumento da temperatura no elemento estrutural, enquanto a estabilidade mecânica e química do material garante sua integridade durante o incêndio.

As principais técnicas adotadas para a proteção térmica de estruturas são (Fig. 1.8):

- *Argamassa projetada*: é usualmente composta por gesso, vermiculita, cimento, resinas acrílicas ou celulose. Agregados finos e elementos ligantes são misturados com água e projetados diretamente sobre a estrutura com o auxílio de uma pistola de ar pressurizado, resultando em uma superfície rugosa que protege a estrutura.
- *Fibra projetada*: agregados, fibras minerais e ligantes são misturados com água atomizada e jateados sobre superfícies do elemento construtivo, formando um revestimento rugoso sobre a estrutura. Devido ao baixo apelo estético da superfície acabada, tal técnica é usualmente adotada em garagens, forros e ambientes que não apresentem requerimentos arquitetônicos elevados.
- *Placas pré-fabricadas*: podem ser fabricadas em gesso, silicato de cálcio, materiais fibrosos ou em uma combinação desses materiais. Tais placas são fixadas na estrutura com o auxílio de pinos ou perfis de aço. A baixa condutividade térmica do material de fabrico das placas resulta no retardo das temperaturas obtidas no elemento estrutural.

- *Pintura intumescente*: tinta ou verniz aplicados nas estruturas à pistola ou ao pincel. Sua aparência não difere das pinturas comuns, mas os polímeros intumescentes que a compõem possuem a capacidade de reagir quando as temperaturas chegam a cerca de 200 °C, formando uma espuma expansiva, carbonizada, porosa e rígida na superfície do elemento construtivo. A alta porosidade do material e sua baixa condutividade térmica retardam o avanço das temperaturas na estrutura.

1.6 Exercícios propostos

1. Defina o fenômeno da combustão.
2. Defina e exemplifique os meios de transferência de calor que ocorrem em um edifício em situação de incêndio.
3. Discorra sobre os fatores que influenciam a evolução de um incêndio.
4. Explique a diferença conceitual entre os sistemas de proteção ativa e os sistemas de proteção passiva. Exemplifique.

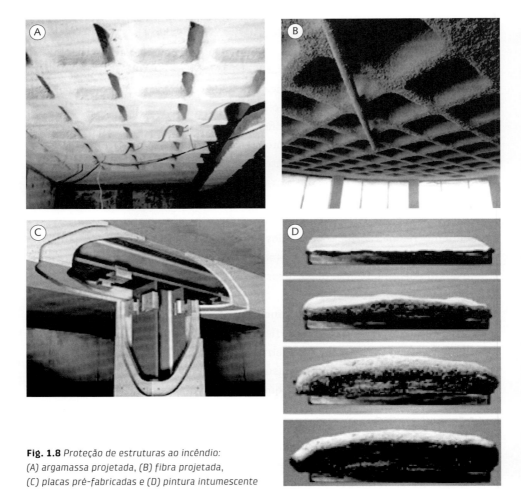

Fig. 1.8 *Proteção de estruturas ao incêndio:*
(A) argamassa projetada, (B) fibra projetada,
(C) placas pré-fabricadas e (D) pintura intumescente

EXIGÊNCIAS DE RESISTÊNCIA AO FOGO DAS EDIFICAÇÕES

2.1 Conceitos de resistência ao fogo dos elementos estruturais

A NBR 14432 (ABNT, 2001c) estabelece as condições a serem atendidas pelos elementos estruturais e de compartimentação de edifícios em situação de incêndio, visando garantir que o colapso estrutural não ocorra e as condições de estanqueidade e isolamento sejam atendidas.

Durante o incêndio, os elementos estruturais devem manter sua integridade estrutural e os elementos de compartimentação devem apresentar estanqueidade e isolamento térmico com o objetivo de:

- *Garantir a evacuação dos ocupantes de maneira segura*: os ocupantes da edificação devem ter tempo suficiente para identificar que existe uma situação de incêndio e evacuar o edifício de maneira segura.
- *Garantir a segurança das operações de combate ao incêndio*: deve ser garantida a integridade dos elementos estruturais, de modo a assegurar as operações de combate ao incêndio e resgate de feridos, bem como a integridade da brigada que as realiza.
- *Evitar a propagação do incêndio*: o compartimento em chamas deve se manter isolado termicamente e estanque, com o objetivo de evitar a propagação das chamas e dos gases tóxicos para outros compartimentos da edificação.
- *Minimizar danos às edificações e à infraestrutura adjacentes ao edifício em chamas*: deve ser garantida a estabilidade estrutural dos elementos do edifício, minimizando os danos na edificação e nas estruturas adjacentes após o incêndio.

2.1.1 Integridade estrutural

Integridade estrutural é a capacidade de um elemento estrutural de garantir a condição de segurança expressa por:

$$\Phi\left(S_{fi,d},\ R_{fi,d}\right) \geq 0 \tag{2.1}$$

Quando verificadas isoladamente em relação a cada um dos esforços solicitantes, as condições de segurança podem ser expressas de maneira simplificada por:

$$S_{fi,d} \leq R_{fi,d} \tag{2.2}$$

em que:
$S_{fi,d}$ = esforço solicitante de cálculo em situação de incêndio;
$R_{fi,d}$ = esforço resistente de cálculo do elemento estrutural para o estado-limite último em consideração em situação de incêndio.

2.1.2 Estanqueidade

A estanqueidade é a capacidade de um elemento construtivo de impedir a existência de fissuras ou rachaduras através das quais possam passar chamas e gases quentes, conforme requisitos da NBR 5628 (ABNT, 2001a) e da NBR 10636 (ABNT, 1989).

2.1.3 Isolamento térmico

O isolamento térmico é a capacidade de um elemento construtivo de impedir, na face não exposta ao incêndio, o aumento na média de temperatura maior que 140 °C e aumentos pontuais de temperatura maiores que 180 °C, conforme requisitos da NBR 5628 e da NBR 10636.

2.2 Curvas de incêndio padronizadas

A determinação da evolução de temperatura dos gases quentes em função do tempo em uma situação de incêndio real é um procedimento complexo, uma vez que depende de diversas variáveis. Portanto, convencionou-se o uso de curvas padronizadas para a análise experimental de estruturas e de elementos construtivos. Essa padronização resultou nas curvas de incêndio-padrão.

As curvas de incêndio-padrão indicam a elevação padronizada da temperatura dos gases quentes em função do tempo, usualmente expresso em minutos. As principais curvas adotadas na literatura são apresentadas a seguir. Ressalta-se que a temperatura dos elementos construtivos é inferior à temperatura das curvas de incêndio padronizadas, pois estas indicam a temperatura dos gases quentes no ambiente onde ocorre o incêndio.

2.2.1 Curva de incêndio-padrão

A curva de incêndio-padrão adotada na NBR 14432 também é utilizada em diversas outras normas internacionais, tais como a ISO 834-1 (ISO, 1999) e a EN 1991-1-2 (CEN, 2002). A temperatura dos gases quentes é dada por:

$$\theta_g = \theta_o + 345 \cdot \log(8 \cdot t + 1) \tag{2.3}$$

em que:

θ_g = temperatura dos gases, em °C, no instante t;
θ_o = temperatura do ambiente antes do início do aquecimento, em °C;
t = tempo, em min.

Usualmente, considera-se a temperatura do ambiente antes do incêndio θ_o = 20 °C.

2.2.2 Curva de incêndio para elementos exteriores

O Eurocode 1, parte 1.2 (EN 1991-1-2), define que, para elementos localizados externamente à edificação que possam ser expostos ao incêndio através de aberturas, a seguinte curva de temperatura pode ser aplicada:

$$\theta_g = 660 \times \left(1 - 0{,}687 \cdot e^{-0{,}32 \cdot t} - 0{,}313 \cdot e^{-3{,}8 \cdot t}\right) + 20 \tag{2.4}$$

em que:

θ_g = temperatura dos gases, em °C, no instante t.
t = tempo, em min.

2.2.3 Curva de incêndio de hidrocarbonetos

A EN 1991-1-2 define que, para incêndios resultantes da queima de hidrocarbonetos, a seguinte curva de temperatura pode ser aplicada:

$$\theta_g = 1.080 \times \left(1 - 0{,}325 \cdot e^{-0{,}167 \cdot t} - 0{,}675 \cdot e^{-2{,}5 \cdot t}\right) + 20 \tag{2.5}$$

em que:

θ_g = temperatura dos gases, em °C, no instante t.
t = tempo, em min.

2.2.4 Curva RWS (Rijkswaterstaat)

A curva RWS foi desenvolvida pela Direção-Geral de Obras Públicas e Gestão da Água (Rijkswaterstaat) do Ministério de Infraestrutura e Gestão da Água da Holanda (Tab. 2.1). Essa curva é usualmente adotada para o dimensionamento de túneis em situação de incêndio e foi validada experimentalmente em um ensaio de escala real na Noruega. Ela leva em consideração um cenário onde um caminhão com 50 m³ de combustível, o equivalente a 300 MW, incendeia-se durante 120 min.

Tab. 2.1 Curva de incêndio RWS (Rijkswaterstaat)

Tempo (min)	Temperatura (°C)
0	20
3	890
5	1.140
10	1.200
30	1.300
60	1.350
90	1.300
120	1.200
180	1.200

Fonte: Promat (s.d.).

2.2.5 Comparação das principais curvas de incêndio

As principais curvas de incêndio citadas são comparadas na Fig. 2.1.

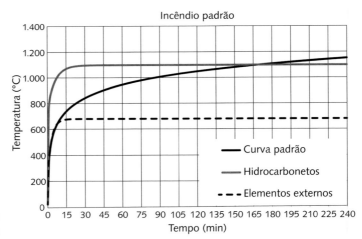

Fig. 2.1 Comparação das principais curvas de incêndio

2.3 Determinação do tempo requerido de resistência ao fogo

A primeira etapa do dimensionamento de uma estrutura em situação de incêndio é a determinação do tempo requerido de resistência ao fogo (TRRF) para cada grupo de elementos estruturais (lajes, vigas e pilares). A legislação regional do Corpo de Bombeiros Militar da unidade federativa em questão deve ser adotada, e, na ausência desta, pode-se usar a NBR 14432.

O TRRF depende da altura da edificação, da profundidade do subsolo, da área dos pavimentos, do tipo de uso e ocupação, da existência de sistemas de proteção ativa e da presença de aberturas laterais, entre outros parâmetros. O TRRF é dado em minutos e cresce à medida que o risco à vida e a dificuldade de evacuação

aumentam, variando de 30 min a 120 min, em intervalos de 30 min. Existem dois métodos para a determinação do tempo exigido de resistência ao fogo de edificações:
- método tabular, apresentado na seção 2.3.1;
- método do tempo equivalente, apresentado na seção 2.3.2.

2.3.1 Método tabular

A NBR 14432 preconiza o método tabular para a definição do TRRF. Ressalta-se que as instruções técnicas regionais do Corpo de Bombeiros Militar podem substituir e/ou complementar essa norma. As etapas a seguir devem ser adotadas para o cálculo do TRRF.

Determinação do grupo e da divisão da edificação

O anexo B da NBR 14432 classifica as edificações, quanto à sua ocupação, em dez grupos (de A a J). Cada grupo possui divisões em função das características da edificação, conforme apresentado no Quadro 2.1. O projetista deverá identificar o grupo e a divisão nos quais a edificação se enquadra.

Algumas legislações regionais, tais como a Instrução Técnica nº 08 (IT-08) do Corpo de Bombeiros Militar do Estado de São Paulo (2011), estabelecem os grupos L e M para edificações que armazenem ou produzam explosivos e para edificações especiais, respectivamente.

Quadro 2.1 Classificação das edificações quanto à sua ocupação (NBR 14432)

Grupo	Ocupação/uso	Divisão	Descrição	Exemplos
A	Residencial	A-1	Habitações unifamiliares	Casas térreas ou assobradadas, isoladas ou não
		A-2	Habitações multifamiliares	Edifícios de apartamento em geral
		A-3	Habitações coletivas	Pensionatos, internatos, mosteiros, conventos, residenciais geriátricos
B	Serviços de hospedagem	B-1	Hotéis e assemelhados	Hotéis, motéis, pensões, hospedarias, albergues, casas de cômodos
		B-2	Hotéis residenciais	Hotéis e assemelhados com cozinha própria nos apartamentos (incluem-se apart-hotéis, hotéis residenciais)
C	Comercial varejista	C-1	Comércio em geral, de pequeno porte	Armarinhos, tabacarias, mercearias, fruteiras, butiques e outros
		C-2	Comércio de grande e médio portes	Edifícios de lojas, lojas de departamentos, magazines, galerias comerciais, supermercados em geral, mercado e outros
		C-3	Centros comerciais	Centro de compras em geral (*shopping centers*)

Quadro 2.1 (continuação)

Grupo	Ocupação/uso	Divisão	Descrição	Exemplos
D	Serviços profissionais pessoais e técnicos	D-1	Locais para prestação de serviços profissionais ou condução de negócios	Escritórios administrativos ou técnicos, consultórios, instituições financeiras (que não estejam incluídas em D-2), repartições públicas, cabeleireiros, laboratórios de análises clínicas sem internação, centros profissionais e outros
		D-2	Agências bancárias	Agências bancárias e assemelhados
		D-3	Serviços de reparação (excetos os classificados em G e I)	Lavanderias, assistência técnica, reparação e manutenção de aparelhos eletrodomésticos, chaveiros, pintura de letreiros e outros
E	Educacional e cultura física	E-1	Escolas em geral	Escolas de primeiro, segundo e terceiro graus, cursos supletivos e pré-universitário e outros
		E-2	Escolas especiais	Escolas de artes e artesanatos, de línguas, de cultura geral, de cultura estrangeira e outras
		E-3	Espaço para cultura física	Locais de ensino e/ou práticas de artes marciais, ginástica (artística, dança, musculação e outros), esportes coletivos (tênis, futebol e outros que não estejam incluídos em F-3), sauna, casas de fisioterapia e outros
		E-4	Centros de treinamento profissional	Escolas profissionais em geral
		E-5	Pré-escolas	Creches, escolas maternais, jardins de infância
		E-6	Escolas para portadores de deficiências	Escolas para excepcionais, deficientes visuais e auditivos e outros
F	Locais de reunião pública	F-1	Locais onde há objetos de valor inestimável	Museus, centros de documentos históricos e outros
		F-2	Templos e auditórios	Igrejas, sinagogas, templos e auditórios em geral
		F-3	Centros esportivos	Estádios, ginásios e piscinas cobertas com arquibancadas, arenas em geral
		F-4	Estações e terminais de passageiros	Estações rodoferroviárias, aeroportos, estações de transbordo e outros
		F-5	Locais de produção e apresentação de artes cênicas	Teatros em geral, cinemas, óperas, auditórios de estúdios de rádio e televisão e outros
		F-6	Clubes sociais	Boates e clubes noturnos em geral, salões de baile, restaurantes dançantes, clubes sociais e assemelhados

Quadro 2.1 (continuação)

Grupo	Ocupação/uso	Divisão	Descrição	Exemplos
F	Locais de reunião pública	F-7	Construções provisórias	Circos e assemelhados
		F-8	Locais para refeições	Restaurantes, lanchonetes, bares, cafés, refeitórios, cantinas e outros
G	Serviços automotivos	G-1	Garagens sem acesso de público e sem abastecimento	Garagens automáticas
		G-2	Garagens com acesso de público e sem abastecimento	Garagens coletivas sem automação, em geral, sem abastecimento (exceto veículos de carga e coletivos)
		G-3	Locais dotados de abastecimento de combustível	Postos de abastecimento e serviço, garagens (exceto veículos de carga e coletivos)
		G-4	Serviços de conservação, manutenção e reparos	Postos de serviço sem abastecimento, oficinas de conserto de veículos (exceto de carga e coletivos), borracharia (sem recauchutagem)
		G-5	Serviços de manutenção em veículos de grande porte e retificadoras em geral	Oficinas e garagens de veículos de carga e coletivos, máquinas agrícolas e rodoviárias, retificadoras de motores
H	Serviços de saúde e institucionais	H-1	Hospitais veterinários e assemelhados	Hospitais, clínicas e consultórios veterinários e assemelhados (inclui-se alojamento com ou sem adestramento)
		H-2	Locais onde pessoas requerem cuidados especiais por limitações físicas ou mentais	Asilos, orfanatos, abrigos geriátricos, reformatórios sem celas e outros
		H-3	Hospitais e assemelhados	Hospitais, casa de saúde, prontos-socorros, clínicas com internação, ambulatórios e postos de atendimento de urgência, postos de saúde e puericultura e outros
		H-4	Prédios e instalações vinculadas às forças armadas, polícias civil e militar	Quartéis, centrais de polícia, delegacias distritais, postos policiais e outros
		H-5	Locais onde a liberdade das pessoas sofre restrições	Hospitais psiquiátricos, reformatórios, prisões em geral e instituições assemelhadas
I	Industrial, comercial de médio e alto risco, atacadista	I-1	Locais onde as atividades exercidas e os materiais utilizados e/ou depositados apresentem médio potencial de incêndio	Locais onde a carga de incêndio não atinja 1.200 MJ/m²
		I-2	Locais onde as atividades exercidas e os materiais utilizados e/ou depositados apresentem grande potencial de incêndio	Locais onde a carga de incêndio ultrapassa 1.200 MJ/m²

Quadro 2.1 (continuação)

Grupo	Ocupação/uso	Divisão	Descrição	Exemplos
J	Depósitos	J-1	Depósitos de baixo risco de incêndio	Depósitos sem risco de incêndio expressivo. Edificações que armazenam tijolos, pedras, areia, cimentos, metais e outros materiais incombustíveis
		J-2	Depósitos de médio e alto risco de incêndio	Depósitos com risco de incêndio maior. Edificações que armazenam alimentos, madeira, papel, tecidos e outros

Fonte: ABNT (2001c, tabela B.1).

Determinação da altura da edificação e da profundidade de piso em subsolo

O projetista deve identificar a altura da edificação e a profundidade do piso em subsolo (caso o edifício o possua). A altura da edificação é definida pela distância vertical compreendida entre o ponto que caracteriza o nível de saída da edificação (nível de descarga) e o piso do penúltimo pavimento, portanto barriletes, pisos técnicos, casa de máquinas e pisos sem permanência humana não devem ser considerados. A profundidade de piso em subsolo é a distância vertical medida entre o nível de descarga e o subsolo.

Determinação do TRRF

Os parâmetros anteriormente identificados são usados para a determinação do TRRF com base na tabela A.1 do anexo A da NBR 14432, apresentada na Tab. 2.2. Os valores de TRRF são expressos em minutos. Os valores indicados entre parênteses podem ser usados em subsolos nos quais a área bruta de cada pavimento seja menor ou igual a 500 m² e em edificações nas quais os pavimentos acima do subsolo possuam área menor ou igual a 750 m². Entretanto, em uma mesma edificação, o TRRF do subsolo não pode ser tomado menor que o dos pavimentos situados acima do solo.

O TRRF das edificações pertencentes às divisões F-3 (centros esportivos), F-4 (estações e terminais de passageiros) e F-7 (construções provisórias) das classes P_4 (altura entre 23 m e 30 m) e P_5 (altura superior a 30 m) deve ser de 30 min e 60 min, respectivamente. O TRRF das classes S_2 (profundidade do subsolo maior que 10 m) e S_1 (profundidade do subsolo menor ou igual a 10 m) deve ser de 90 min e 60 min, respectivamente.

O TRRF das lajes não precisa ser superior a 90 min, exceto para edificações com altura maior que 45 m. O TRRF das vigas que não sejam responsáveis pela estabilidade estrutural da edificação não precisa ser superior a 60 min, exceto para edificações com altura maior que 45 m, nas quais o TRRF dessas vigas não precisa ser maior que 90 min.

Tab. 2.2 Determinação do tempo requerido de resistência ao fogo (NBR 14432)

Grupo	Ocupação/ uso	Divisão	Profundidade do subsolo		Altura da edificação				
			Classe S$_2$ h$_s$ > 10 m	Classe S$_1$ h$_s$ ≤ 10 m	Classe P$_1$ h ≤ 6 m	Classe P$_2$ 6 m < h ≤ 12 m	Classe P$_3$ 12 m < h ≤ 23 m	Classe P$_4$ 23 m < h ≤ 30 m	Classe P$_5$ h > 30 m
A	Residencial	A-1 a A-3	90	60 (30)	30	30	60	90	120
B	Serviços de hospedagem	B-1 e B-2	90	60	30	60 (30)	60	90	120
C	Comercial varejista	C-1 a C-3	90	60	60 (30)	60 (30)	60	90	120
D	Serviços profissionais, pessoais e técnicos	D-1 a D-3	90	60 (30)	30	60 (30)	60	90	120
E	Educacional e cultura física	E-1 a E-6	90	60 (30)	30	30	60	90	120
F	Locais de reunião de público	F-1, F-2, F-5, F-6 e F-8	90	60	60 (30)	60	60	90	120
G	Serviços automotivos	G-1 e G-2 não abertos lateralmente e G-3 a G-5	90	60 (30)	30	60 (30)	60	90	120
		G-1 e G-2 abertos lateralmente	90	60 (30)	30	30	30	30	60
H	Serviços de saúde e institucionais	H-1 a H-5	90	60	30	60	60	90	120
I	Industrial	I-1	90	60 (30)	30	30	60	90	120
		I-2	120	90	60 (30)	60 (30)	90 (60)	120 (90)	120
J	Depósitos	J-1	90	60 (30)	30	30	30	30	60
		J-2	120	90	60	60	90 (60)	120 (90)	120

Fonte: ABNT (2001c, tabela A.1).

2.3.2 Método do tempo equivalente

A NBR 14432 permite que o TRRF seja calculado com base no método do tempo equivalente. Esse método leva em consideração diversos fatores, tais como a carga de incêndio específica, os sistemas de proteção ativa instalados na edificação, a característica térmica dos elementos de vedação, a altura de compartimentação, a ventilação dos ambientes e a tecnologia construtiva da estrutura.

Costa e Silva (2005) propõem a seguinte formulação para o método do tempo equivalente.

$$t_{eq} = q_{fi} \cdot \gamma_n \cdot \gamma_s \cdot K \cdot W \cdot M \qquad (2.6)$$

em que:
t_{eq} = tempo equivalente, em min;
q_{fi} = carga de incêndio específica;
γ_n = coeficiente adimensional que leva em conta a presença de medidas de proteção ativa na edificação;
γ_s = coeficiente adimensional de segurança que leva em conta o perigo de início e propagação de incêndio, bem como as consequências do colapso da edificação;
K = coeficiente que leva em conta as características térmicas dos elementos de vedação (usualmente, K é tomado como 0,07 min · m²/MJ);
W = fator relacionado à ventilação do ambiente e à altura de compartimentação;
M = fator de correção que leva em conta o material da estrutura.

Carga de incêndio específica

A carga de incêndio específica (q_{fi}) para diversas edificações pode ser obtida na Tab. 2.3, que mostra um resumo da tabela C.1 da NBR 14432, apresentada na íntegra no Anexo A.1 deste livro. Para as edificações que não são abordadas na tabela C.1, é possível estimar q_{fi} por similaridade.

A carga específica de incêndio também pode ser calculada com base na massa e no potencial calorífico de cada material combustível presente na edificação, conforme indicado pela seguinte expressão:

$$q_{fi} = \frac{\sum (M_i \cdot H_i)}{A_f} \qquad (2.7)$$

em que:
M_i = massa total de cada componente i do material combustível, usualmente expressa em kg;
H_i = potencial calorífico específico de cada componente i do material combustível, usualmente expresso em MJ/kg;
A_f = área do piso do compartimento, usualmente expressa em m².

O Anexo A.2 deste livro apresenta o potencial calorífico de diversos materiais.

Tab. 2.3 Cargas de incêndio específicas (NBR 14432)

Grupo	Ocupação/uso	Descrição	Divisão	q_{fi} (MJ/m²)
A	Residencial	Alojamentos estudantis	A-1	300
		Apartamentos	A-2	300
		Casas térreas ou sobrados	A-1	300
		Pensionatos	A-3	300
B	Serviços de hospedagem	Hotéis	B-1	500
		Motéis	B-1	500
		Apart-hotéis	B-2	300
C	Comercial varejista	Aparelhos domésticos	C-1 C-2	500
		Automóveis	C-1 C-2	200
		Brinquedos	C-1 C-2	500
		Drogarias	C-1 C-2	1.000
		Livrarias	C-1 C-2	1.000
		Lojas de departamento	C-2	600
		Papelarias	C-1 C-2	700
		Supermercados	C-2	400
		Tintas	C-1 C-2	1.000
		Vulcanização	C-1 C-2	1.000
D	Serviços profissionais, pessoais e técnicos	Agências bancárias	D-2	300
		Escritórios	D-1	700
		Oficinas elétricas	D-3	600
		Oficinas mecânicas	D-3	200
E	Educacional e cultura física	Academias	E-3	300
		Creches	E-5	400
		Escolas	E-1/E-2/E-4	300
F	Locais de reunião pública	Bibliotecas	F-1	2.000
		Cinemas ou teatros	F-5	600
		Igrejas	F-2	200
		Restaurantes	F-8	300
G	Serviços automotivos	Estacionamentos	G-1/G-2	200
		Oficinas de conserto de veículos	G-4	300
H	Serviços de saúde e institucionais	Asilos	H-2	350
		Hospitais	H-1	300

Tab. 2.3 (continuação)

Grupo	Ocupação/uso	Descrição	Divisão	q_{fi} (MJ/m²)
I	Industrial	Gráficas (empacotamento)	I-2	2.000
		Materiais sintéticos ou plásticos	I-2	2.000
		Padarias	I-1	1.000
		Papelões betuminados	I-2	2.000
		Pneus	I-1	700
		Produtos adesivos	I-1	1.000
		Rações	I-2	2.000
		Resinas	I-2	3.000
		Tintas e solventes	I-2	4.000
		Tratamento de madeira	I-2	3.000

Fonte: adaptado de ABNT (2001c, tabela C.1).

Coeficiente γ_n

O coeficiente γ_n leva em conta a presença de sistemas de proteção ativa e pode ser determinado conforme a equação a seguir:

$$\gamma_n = \gamma_{n1} \cdot \gamma_{n2} \cdot \gamma_{n3} \qquad (2.8)$$

Os coeficientes γ_{n1}, γ_{n2} e γ_{n3} podem ser obtidos na Tab. 2.4. Na ausência de algum sistema de proteção, deve-se adotar $\gamma_{ni} = 1$ para o respectivo sistema.

Tab. 2.4 Coeficientes γ_{ni}

γ_{n1}	γ_{n2}		γ_{n3}
Existência de chuveiros automáticos	Brigada de incêndio		Existência de detecção automática
	Não profissional	Profissional	
0,6	0,9	0,6	0,9

Fonte: Costa e Silva (2005).

Coeficiente γ_s

O coeficiente γ_s depende do risco de ignição e propagação do incêndio, bem como das consequências do colapso da edificação, e pode ser obtido pela seguinte equação:

$$\gamma_s = \gamma_{s1} \cdot \gamma_{s2} \qquad (2.9)$$

em que:

γ_{s1} = coeficiente relacionado à área compartimentada e à altura da edificação;
γ_{s2} = coeficiente relacionado ao risco de ativação do incêndio.

O coeficiente γ_{s1} pode ser determinado por:

$$\gamma_{s1} = 1 + \frac{A_f \cdot (h+3)}{100.000} \qquad (2.10)$$

$$1 \leq \gamma_{s1} \leq 3$$

em que:
A_f = área compartimentada, em m²;
h = altura da edificação, em m.
O coeficiente γ_{s2} pode ser obtido na Tab. 2.5.

Tab. 2.5 Coeficiente γ_{s2}

γ_{s2}	Probabilidade de ativação do incêndio	Ocupação
0,85	Pequena	Escola, galeria de arte, parque aquático, igreja, museu
1,00	Regular	Biblioteca, cinema, correio, consultório médico, escritório, farmácia, frigorífico, hotel, livraria, hospital, laboratório fotográfico, indústria de papel, oficina elétrica, oficina mecânica, residência, restaurante, teatro, depósitos
1,20	Média	Montagem de automóveis, hangares, indústria mecânica
1,50	Alta	Laboratório químico, oficina de pintura de automóveis

Fonte: Costa e Silva (2005).

Coeficiente W

O coeficiente W leva em conta a altura do compartimento e a ventilação do ambiente e pode ser determinado por:

$$W = \left(\frac{6}{H}\right)^{0,3} \times \left[0,62 + 90 \times \left(0,4 - \left(\frac{A_v}{A_f}\right)\right)^4\right] \geq 0,50 \qquad (2.11)$$

em que:
H = altura do compartimento, em m;
A_v = área de ventilação vertical, incluindo portas, janelas e aberturas, em m²;
A_f = área compartimentada, em m².

Coeficiente M

O coeficiente M leva em conta o material adotado na estrutura da edificação e pode ser obtido na Tab. 2.6.

V é o grau de ventilação do compartimento, definido conforme a seguinte equação:

Tab. 2.6 Coeficiente M

Material estrutural	M
Concreto armado	1,0
Aço com revestimento contra fogo	1,0
Aço sem revestimento contra fogo	$13,7 \cdot V$
Estruturas mistas de aço e concreto	*

*Adotar o valor mais desfavorável de M.
Fonte: Costa e Silva (2005).

$$V = \frac{A_v \cdot \sqrt{h_{eq}}}{A_t} \qquad (2.12)$$

$$0,02 \text{ m}^{1/2} \leq V \leq 0,2 \text{ m}^{1/2}$$

em que:

A_v = área de ventilação vertical, incluindo portas, janelas e aberturas, em m²;

A_t = área total do compartimento, incluindo paredes, piso, teto e aberturas, em m²;

h_{eq} = altura média das aberturas, calculada por meio de:

$$h_{eq} = \frac{\sum(h_i \cdot A_{vi})}{\sum A_v} \qquad (2.13)$$

em que:

h_i = altura da abertura i, em m;

A_{vi} = área da abertura i, em m².

Limitações do método do tempo equivalente

Silva, Vargas e Ono (2010) ressaltam que existem algumas limitações para o método do tempo equivalente:

- para edificações com altura limitada a 12 m, o tempo equivalente deve ser de no mínimo 15 min;
- para edificações com altura maior que 12 m, o tempo equivalente pode ser reduzido no máximo em 30 min do TRRF estabelecido na NBR 14432.

Os autores salientam que a formulação do método é cientificamente defensável, entretanto os coeficientes γ_s e γ_n são arbitrados em cada país em função de consenso estabelecido pela sociedade.

2.4 Estruturas isentas de verificação estrutural em situação de incêndio

A NBR 14432 preconiza que algumas edificações estão isentas de verificação estrutural em situação de incêndio, sendo elas:

- Edificações cuja área total seja menor ou igual a 750 m².
- Edificações de até dois pavimentos cuja área total seja menor ou igual a 1.500 m² e cuja carga de incêndio específica seja menor ou igual a 1.000 MJ/m².
- Edificações pertencentes às divisões F-3 (centros esportivos), F-4 (estações e terminais de passageiros) e F-7 (construções provisórias) das classes P_1 a P_3 (com altura da edificação menor ou igual a 23 m), exceto regiões de ocupação distinta. Nessas regiões (lojas, restaurantes, depósitos e afins), deve-se adotar os valores fornecidos na tabela A.1 da NBR 14432 (ver Tab. 2.2) para a respectiva ocupação.

- Edificações pertencentes às divisões G-1 (garagens sem acesso de público e sem abastecimento) e G-2 (garagens com acesso de público e sem abastecimento) das classes P_1 a P_4 (com altura da edificação menor ou igual a 30 m).
- Edificações pertencentes à divisão J-1 (depósitos com baixo risco de incêndio) das classes P_1 a P_4 (com altura da edificação menor ou igual a 30 m), com estruturas em concreto armado, concreto protendido ou aço.
- Edificação térrea de uso não industrial com carga de incêndio específica inferior a 500 MJ/m².
- Edificação térrea de uso industrial com carga de incêndio específica inferior a 1.200 MJ/m².
- Edificação térrea usada como depósito com carga de incêndio específica inferior a 2.000 MJ/m².
- Edificação térrea de uso não industrial com carga de incêndio específica superior a 500 MJ/m², provida de chuveiros automáticos ou com área menor ou igual a 5.000 m² e pelo menos duas fachadas de aproximação que perfaçam no mínimo 50% do perímetro da edificação.
- Edificação térrea de uso industrial com carga de incêndio específica superior a 1.200 MJ/m², provida de chuveiros automáticos ou com área menor ou igual a 5.000 m² e pelo menos duas fachadas de aproximação que perfaçam no mínimo 50% do perímetro da edificação.
- Edificação térrea usada como depósito com carga de incêndio específica superior a 2.000 MJ/m², provida de chuveiros automáticos ou com área menor ou igual a 5.000 m² e pelo menos duas fachadas de aproximação que perfaçam no mínimo 50% do perímetro da edificação.

As isenções citadas não se aplicam no caso de edificações onde os ocupantes tenham restrição de mobilidade, tais como hospitais, asilos e penitenciárias. Adicionalmente, todas as edificações devem possuir saídas de emergência dimensionadas conforme a NBR 9077 (ABNT, 2001b). As isenções mencionadas também não se aplicam em caso de edificações térreas cuja cobertura tiver função de piso, ainda que somente para saídas de emergência.

A NBR 14432 define edificação térrea como edificação de apenas um pavimento, podendo possuir um piso elevado com área inferior ou igual a um terço da área da parte do piso situado no nível de descarga.

As normas específicas para o dimensionamento de estruturas em situação de incêndio apresentam algumas isenções adicionais. Tais isenções serão apresentadas nos capítulos inerentes a cada material estrutural.

2.5 Exercícios resolvidos

2.5.1 Determinação de TRRF via método tabular: edifício residencial

Problema: determine o tempo requerido de resistência ao fogo para o edifício residencial apresentado na Fig. 2.2.

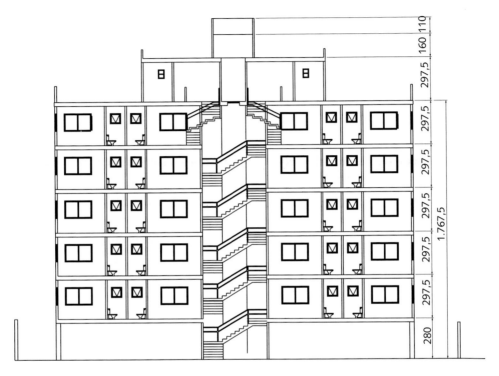

Fig. 2.2 *Corte do edifício residencial (em cm)*

Solução:

- *Classificação da estrutura*: conforme a tabela B.1 da NBR 14432 (ver Quadro 2.1), a estrutura em questão se classifica no grupo A (residencial), divisão A-2 (residências multifamiliares).
- *Determinação da altura da edificação*: a altura da edificação é definida pela distância vertical compreendida entre o ponto que caracteriza o nível de saída da edificação (nível de descarga) e o piso do penúltimo pavimento. Barriletes e casas de máquinas não são considerados e, desse modo, a altura da edificação é de 17,67 m.
- *Determinação do tempo requerido de resistência ao fogo*: o TRRF é determinado com base na tabela A.1 da NBR 14432 (ver Tab. 2.2). A estrutura em questão possui altura de 17,67 m, portanto se enquadra na classe P-3 (12 m < h ≤ 23 m). Consultando a tabela, observa-se que o TRRF é de 60 min.

2.5.2 Determinação do tempo equivalente: edifício residencial

Problema: determine o tempo equivalente para o edifício apresentado no exercício anterior. Considere que ele foi construído em concreto armado, não possui sistemas de proteção ativa e tem área compartimentada de 70 m² e área ventilada do compartimento de 14 m².

Solução:
- *Determinação da carga específica de incêndio*: conforme a tabela C.1 da NBR 14432 (ver Tab. 2.3), a edificação, que foi classificada no grupo A (residencial), divisão A-2 (residências multifamiliares), possui carga específica de incêndio de q_{fi} = 300 MJ/m².
- *Determinação do coeficiente γ_n*: esse coeficiente leva em conta a presença de sistemas de proteção ativa. Na ausência desses sistemas, deve-se adotar $\gamma_n = 1$.
- *Determinação do coeficiente γ_s*: esse coeficiente depende do risco de ignição e propagação do incêndio, bem como das consequências do colapso da edificação, e pode ser obtido pela equação a seguir.

$$\gamma_s = \gamma_{s1} \cdot \gamma_{s2}$$

O coeficiente γ_{s1} está relacionado à área compartimentada e à altura da edificação:

$$\gamma_{s1} = 1 + \frac{A_f \cdot (h+3)}{100.000} = 1 + \frac{70 \times (17,67+3)}{100.000} = 1,014$$

O coeficiente γ_{s2} está relacionado ao risco de ativação do incêndio, e, para residências, toma-se $\gamma_{s2} = 1$. Portanto, tem-se $\gamma_s = 1,014$.
- *Determinação do coeficiente W*: esse coeficiente leva em conta a altura do compartimento e a ventilação do ambiente e pode ser obtido pela equação a seguir, sendo H a altura do compartimento, em metros; A_v a área de ventilação vertical, incluindo portas, janelas e aberturas; e A_f a área compartimentada.

$$W = \left(\frac{6}{H}\right)^{0,3} \times \left[0,62 + 90 \times \left(0,4 - \left(\frac{A_v}{A_f}\right)\right)^4\right] \geq 0,50$$

$$W = \left(\frac{6}{2,97}\right)^{0,3} \times \left[0,62 + 90 \times \left(0,4 - \left(\frac{14}{70}\right)\right)^4\right] \geq 0,5 = 0,943$$

- *Determinação do coeficiente M*: esse coeficiente leva em conta o material adotado na estrutura da edificação, e, para estruturas de concreto armado, tem-se M = 1,0.

- *Determinação do método do tempo equivalente*: o tempo equivalente é determinado pela equação apresentada a seguir. Usualmente, K é tomado como 0,07 min · m²/MJ.

$$t_{eq} = q_{fi} \cdot \gamma_n \cdot \gamma_s \cdot K \cdot W \cdot M = 300 \times 1 \times 1{,}014 \times 0{,}07 \times 0{,}943 \times 1 = 20 \text{ min}$$

Para edificações com altura superior a 12 m, o tempo equivalente pode ser reduzido no máximo em 30 min do TRRF estabelecido na NBR 14432 (TRRF = 60 min). Toma-se, portanto,

$$t_{eq} = 30 \text{ min}$$

2.5.3 Determinação de TRRF via método tabular: depósito industrial

Problema: determine o tempo requerido de resistência ao fogo para o galpão industrial apresentado nas Figs. 2.3 e 2.4. Considere que o galpão é utilizado para depósito de madeira, com carga de incêndio específica de 2.000 MJ/m².

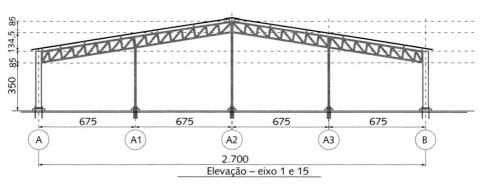

Fig. 2.3 *Corte do galpão (em cm)*

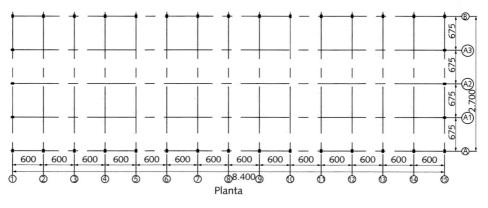

Fig. 2.4 *Planta do galpão (em cm)*

Solução:

- *Classificação da estrutura*: conforme a tabela B.1 da NBR 14432 (ver Quadro 2.1), a estrutura em questão se classifica no grupo J (depósitos), divisão J-2 (depósitos de médio e alto risco de incêndio).
- *Determinação da altura da edificação*: o galpão não possui mezaninos e, desse modo, é uma edificação térrea.
- *Determinação do tempo requerido de resistência ao fogo*: o TRRF é determinado com base na tabela A.1 da NBR 14432 (ver Tab. 2.2). Por se tratar de uma edificação térrea, enquadra-se na classe P-1 ($h \leq 6$ m). Consultando a tabela, observa-se que o TRRF é de 60 min.
- *Possibilidade de isenção de verificação*: caso o depósito apresentasse carga específica de incêndio menor que 2.000 MJ/m², estaria isento de verificação estrutural em situação de incêndio.

2.6 Exercícios propostos

1. Considere que o edifício residencial apresentado na seção anterior seja utilizado para escritórios comerciais. Determine o TRRF e o tempo equivalente para tal situação.
2. Determine o tempo equivalente para o galpão industrial apresentado na seção anterior. Considere uma carga de incêndio específica de 2.500 MJ/m². A estrutura do galpão é em aço. Existe abertura em sua fachada frontal e não foi considerada compartimentação ao longo do galpão. Compare os resultados do tempo equivalente para duas situações:
   a. ausência de sistemas de proteção ativa;
   b. existência de detecção automática e chuveiros automáticos.

3

DIMENSIONAMENTO AO FOGO DE ESTRUTURAS DE CONCRETO ARMADO

O dimensionamento de estruturas de concreto armado em situação de incêndio deve ser realizado conforme preconizado na NBR 15200 (ABNT, 2012). Essa norma é aplicável para concretos que possuam massa específica seca variando entre 2.000 kg/m³ e 2.800 kg/m³ e sejam do grupo I (C20 a C50) da NBR 8953 (ABNT, 2015).

3.1 Diretrizes gerais de projeto

As estruturas devem ser previamente dimensionadas com base na NBR 6118 (ABNT, 2014). Em seguida, a estrutura deverá ser verificada para a condição de incêndio, caso não se enquadre nos requisitos de isenção da NBR 14432 (ABNT, 2001c) (conforme apresentado na seção 2.4).

A verificação de estruturas de concreto em situação de incêndio pode ser feita por diversos métodos, sendo eles:

- *Método tabular*: baseia-se em garantir dimensões mínimas em função do tipo de elemento estrutural, de suas condições de contorno e do TRRF.
- *Método analítico para pilares*: pode ser aplicado para a determinação do tempo de resistência ao fogo (TRF) para pilares com mais de uma face exposta ao fogo. Deve-se calcular o TRF e garantir que ele seja maior ou igual ao TRRF.
- *Método simplificado de cálculo*: permite obter as solicitações de cálculo em situação de incêndio e os esforços resistentes de maneira simplificada com base na distribuição de temperatura ao longo da seção transversal.
- *Método avançado de cálculo*: adota simulações termomecânicas para a determinação da distribuição de temperatura e da resistência do elemento estrutural, considerando todas as não linearidades envolvidas no processo.
- *Método experimental*: pode-se adotar uma resistência ao fogo superior à calculada pelos métodos anteriormente citados, desde que justificada por ensaios que atendam a NBR 5628 (ABNT, 2001a) ou norma estrangeira aplicável.

3.2 Propriedades dos materiais em situação de incêndio

O aumento de temperatura resulta na degradação das propriedades mecânicas dos materiais. A NBR 15200 apresenta fatores de redução para propriedades mecânicas dos materiais em função da temperatura.

3.2.1 Propriedades do concreto

Resistência à compressão do concreto em altas temperaturas

A resistência à compressão do concreto em uma temperatura θ pode ser obtida pela seguinte equação:

$$f_{c,\theta} = k_{c,\theta} \cdot f_{ck} \tag{3.1}$$

em que:

$f_{c,\theta}$ = resistência à compressão do concreto na temperatura θ;
$k_{c,\theta}$ = fator de redução da resistência do concreto na temperatura θ;
f_{ck} = resistência característica à compressão do concreto à temperatura ambiente.

O coeficiente $k_{c,\theta}$ pode ser obtido na NBR 15200 para concretos preparados predominantemente com agregados silicosos. Para concretos com agregados predominantemente calcários, é possível adotar o Eurocode 2, parte 1.2 (EN 1992-1-2 – CEN, 2004a), conforme recomendado pela NBR 15200. Tais valores são listados na Tab. 3.1 e apresentados graficamente na Fig. 3.1. Para valores intermediários, é permitida a interpolação linear.

Tab. 3.1 Valores da relação $k_{c,\theta} = f_{c,\theta}/f_{ck}$ (NBR 15200 e EN 1992-1-2)

Temperatura do concreto (°C)	Concreto com agregados silicosos (NBR 15200)	Concreto com agregados calcários (EN 1992-1-2)
20	1,00	1,00
100	1,00	1,00
200	0,95	0,97
300	0,85	0,91
400	0,75	0,85
500	0,60	0,74
600	0,45	0,60
700	0,30	0,43
800	0,15	0,27
900	0,08	0,15
1.000	0,04	0,06
1.100	0,01	0,02
1.200	0,00	0,00

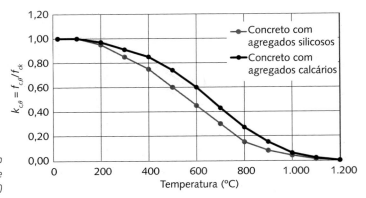

Fig. 3.1 Valores da relação $k_{c,\theta} = f_{c,\theta}/f_{ck}$ (NBR 15200 e EN 1992-1-2)

Diagrama tensão-deformação do concreto

O aumento da temperatura provoca alterações no diagrama tensão-deformação do concreto, que é apresentado na Fig. 3.2 e pode ser obtido pela seguinte equação:

$$\sigma_{c,\theta} = f_{c,\theta} \cdot \frac{3 \cdot \left(\dfrac{\varepsilon_{c,\theta}}{\varepsilon_{c1,\theta}}\right)}{2 + \left(\dfrac{\varepsilon_{c,\theta}}{\varepsilon_{c1,\theta}}\right)^3} \quad (3.2)$$

em que:

$\sigma_{c,\theta}$ = tensão à compressão do concreto à temperatura θ;

$f_{c,\theta}$ = resistência à compressão do concreto à temperatura θ;

$\varepsilon_{c,\theta}$ = deformação linear específica correspondente do concreto à temperatura θ;

$\varepsilon_{c1,\theta}$ = deformação linear específica correspondente à tensão máxima do concreto à temperatura θ.

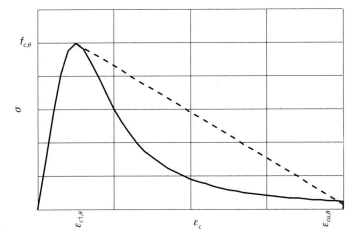

Fig. 3.2 Relação tensão-deformação do concreto

O trecho descendente da curva pode ser substituído por uma reta, a critério do projetista. A deformação linear específica última do concreto ($\varepsilon_{cu,\theta}$) e a deformação linear específica correspondente à tensão máxima do concreto ($\varepsilon_{c1,\theta}$) podem ser obtidas na Tab. 3.2, para diversas faixas de temperatura.

Tab. 3.2 Deformação do concreto em função da temperatura elevada (NBR 15200)

Temperatura do concreto (°C)	$\varepsilon_{c1,\theta}$ (%)	$\varepsilon_{cu\theta}$ (%)
20	0,25	2,00
100	0,35	2,25
200	0,45	2,50
300	0,60	2,75
400	0,75	3,00
500	0,95	3,25
600	1,25	3,50
700	1,40	3,75
800	1,45	4,00
900	1,50	4,25
1.000	1,50	4,50
1.100	1,50	4,75
1.200	1,50	-

Os valores de $\varepsilon_{c1,\theta}$ e $\varepsilon_{cu,\theta}$ aumentam com a elevação de temperatura. O concreto, portanto, torna-se menos frágil para maiores temperaturas, entretanto menos resistente. A Fig. 3.3 ilustra as curvas de tensão-deformação do concreto para 20 °C, 300 °C, 600 °C e 900 °C.

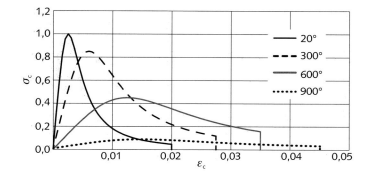

Fig. 3.3 Relação tensão--deformação do concreto em função da temperatura

Propriedades térmicas do concreto

Para a determinação da evolução de temperatura ao longo da seção transversal, é necessário conhecer as propriedades térmicas do concreto, tais como o alongamento específico, o calor específico, a condutividade térmica, a emissividade e a densidade. Essas propriedades são variáveis com a temperatura.

Alongamento específico

Segundo a NBR 15200, o alongamento do concreto com agregados silicosos ($\Delta l/l$) pode ser obtido por:

$$\frac{\Delta l}{l} = 9 \times 10^{-6} \cdot \theta_c + 2,3 \times 10^{-11} \cdot \theta_c^3 - 1,8 \times 10^{-4} \quad \text{para } 20\,°C \leq \theta_c < 700\,°C$$

$$\frac{\Delta l}{l} = 14 \times 10^{-3} \quad \text{para } 700\,°C \leq \theta_c \leq 1200\,°C$$

(3.3)

Para a determinação do alongamento do concreto com agregados calcários, a EN 1992-1-2 recomenda a seguinte formulação:

$$\frac{\Delta l}{l} = 6 \times 10^{-6} \cdot \theta_c + 1,4 \times 10^{-11} \cdot \theta_c^3 - 1,2 \times 10^{-4} \quad \text{para } 20\,°C \leq \theta_c \leq 805\,°C$$

$$\frac{\Delta l}{l} = 12 \times 10^{-3} \quad \text{para } 805\,°C < \theta_c \leq 1.200\,°C$$

(3.4)

A Fig. 3.4 apresenta graficamente os valores do alongamento total do concreto.

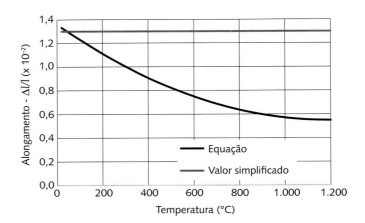

Fig. 3.4 Alongamento total do concreto (NBR 15200 e EN 1992-1-2)

Calor específico

O calor específico do concreto seco (com taxa de umidade $u = 0\%$), em J/kg °C, pode ser determinado da seguinte forma:

$$c_p(\theta) = 900 \quad \text{para } 20\,°C \leq \theta_c \leq 100\,°C$$
$$c_p(\theta) = 900 + (\theta - 100) \quad \text{para } 100\,°C < \theta_c \leq 200\,°C$$
$$c_p(\theta) = 1.000 + (\theta - 200)/2 \quad \text{para } 200\,°C < \theta_c \leq 400\,°C$$
$$c_p(\theta) = 1.100 \quad \text{para } 400\,°C < \theta_c \leq 1.200\,°C$$

(3.5)

Para concretos com taxa de umidade diferente de 0%, deve-se considerar um valor $c_{p,top}$ no intervalo entre 100 °C e 115 °C, com decréscimo linear de 115 °C a 200 °C:

- $c_{p,top}$ = 900, para umidade de 0% em peso;
- $c_{p,top}$ = 1.470, para umidade de 1,5% em peso;
- $c_{p,top}$ = 2.020, para umidade de 3% em peso.

De maneira simplificada, pode-se considerar c_p = 1.000 J/kg °C para todas as faixas de temperatura. Entretanto, tal simplificação é conservadora, uma vez que resulta em maiores temperaturas ao longo da seção transversal dos elementos estruturais. A Fig. 3.5 apresenta a evolução do calor específico do concreto com a temperatura.

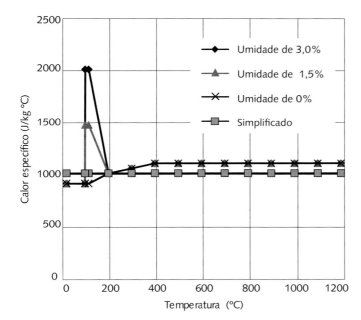

Fig. 3.5 *Calor específico do concreto*

Condutividade térmica

A condutividade térmica do concreto com agregados silicosos (λ) pode ser obtida por:

$$\lambda = 1,36 - 0,136 \cdot \frac{\theta_c}{100} + 0,0057 \cdot \left(\frac{\theta_c}{100}\right)^2, \text{ em W/m °C} \quad (3.6)$$

De maneira simplificada, a condutividade térmica pode ser considerada constante, sendo λ = 1,3 W/m °C. Entretanto, tal simplificação é conservadora e resulta em maiores temperaturas ao longo da seção transversal dos elementos estruturais. A Fig. 3.6 mostra a evolução da condutividade térmica do concreto em função da temperatura.

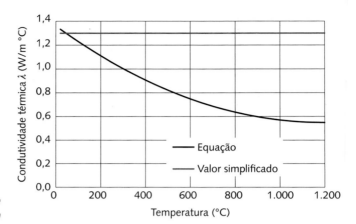

Fig. 3.6 Condutividade térmica do concreto

Emissividade

A emissividade térmica de um material é uma propriedade que representa a capacidade de emissão de energia por radiação de sua superfície, e tal valor pode variar de 0 a 1. Para fins de simulação, pode-se considerar a emissividade resultante (ε_{res}) do concreto como 0,70.

Densidade

A densidade do concreto reduz com o aumento da temperatura devido à perda de água e pode ser obtida da seguinte maneira:

$$\rho(\theta) = \rho(20\ °C) \text{ para } 20\ °C \leq \theta_c \leq 115\ °C$$
$$\rho(\theta) = \rho(20\ °C) \cdot (1 - 0,02 \times (\theta_c - 115)/85) \text{ para } 115\ °C < \theta_c \leq 200\ °C \quad (3.7)$$
$$\rho(\theta) = \rho(20\ °C) \cdot (0,98 - 0,03 \times (\theta_c - 200)/200) \text{ para } 200\ °C < \theta_c \leq 400\ °C$$
$$\rho(\theta) = \rho(20\ °C) \cdot (0,95 - 0,07 \times (\theta_c - 400)/800) \text{ para } 400\ °C < \theta_c \leq 1.200\ °C$$

em que:

$\rho(20\ °C)$ = densidade do concreto à temperatura ambiente;
$\rho(\theta)$ = densidade do concreto a temperatura elevada;
θ_c = temperatura no concreto.

3.2.2 Propriedades do aço

Assim como o concreto, o aço também sofre redução em suas propriedades mecânicas em temperaturas elevadas. Os principais aços utilizados em estruturas de concreto armado são o CA-50 e o CA-60, normatizados pela NBR 7480 (ABNT, 2007). O aço CA-50 apresenta tensão de escoamento de 500 MPa e seus vergalhões possuem superfície rugosa (nervuras transversais) e são laminados a quente. O aço CA-60, por sua vez, apresenta tensão de escoamento de 600 MPa, superfície lisa (exceto para barras com diâmetro nominal igual ou superior a 10 mm) e seus vergalhões são trefilados a frio.

Resistência do aço em altas temperaturas

A resistência ao escoamento do aço usado na armadura passiva de estruturas de concreto armado decresce com o aumento da temperatura e pode ser obtida pela seguinte equação:

$$f_{y,\theta} = k_{s,\theta} \cdot f_{yk} \quad (3.8)$$

em que:

$f_{y,\theta}$ = resistência ao escoamento do aço de armadura passiva na temperatura θ;
f_{yk} = resistência característica do aço de armadura passiva à temperatura ambiente;
$k_{s,\theta}$ = fator de redução da resistência do aço na temperatura θ.

Na Fig. 3.7 e na Tab. 3.3, são apresentados os valores de $k_{s,\theta}$ em função da temperatura. Na figura em questão, as curvas indicadas em preto e cinza são aplicáveis para $\varepsilon_{yi} \geq 2\%$, usualmente armaduras tracionadas de vigas, lajes ou tirantes. A curva indicada por pontilhado é aplicável quando $\varepsilon_{yi} < 2\%$, usualmente armaduras comprimidas de pilares, vigas ou lajes.

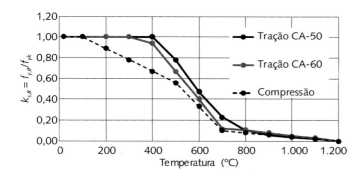

Fig. 3.7 Fator de redução da resistência do aço de armadura passiva em função da temperatura

O módulo de elasticidade do aço da armadura passiva decresce com o aumento da temperatura, conforme apresentado na Fig. 3.8 e na Tab. 3.4, e é obtido por meio de:

$$E_{s,\theta} = k_{Es,\theta} \cdot E_s \quad (3.9)$$

em que:

$E_{s,\theta}$ = módulo de elasticidade do aço de armadura passiva na temperatura θ;
E_s = módulo de elasticidade do aço de armadura passiva à temperatura ambiente;
$k_{Es,\theta}$ = fator de redução do módulo de elasticidade do aço na temperatura θ.

Diagrama tensão-deformação do aço

O diagrama tensão-deformação do aço de armadura passiva a temperaturas elevadas (Fig. 3.9) pode ser elaborado a partir de uma série de equações que representam seu comportamento.

Tab. 3.3 Valores da relação $k_{s,\theta} = f_{y,\theta}/f_{yk}$ para aços de armadura passiva (NBR 15200)

Temperatura (°C)	$k_{s,\theta} = f_{y,\theta}/f_{yk}$		
	Tração		Compressão
CA-50 ou CA-60	CA-50	CA-60	CA-50 ou CA-60
20	1,00	1,00	1,00
100	1,00	1,00	1,00
200	1,00	1,00	0,89
300	1,00	1,00	0,78
400	1,00	0,94	0,67
500	0,78	0,67	0,56
600	0,47	0,4	0,33
700	0,23	0,12	0,1
800	0,11	0,11	0,08
900	0,06	0,08	0,06
1.000	0,04	0,05	0,04
1.100	0,02	0,03	0,02
1.200	0,00	0,00	0,00

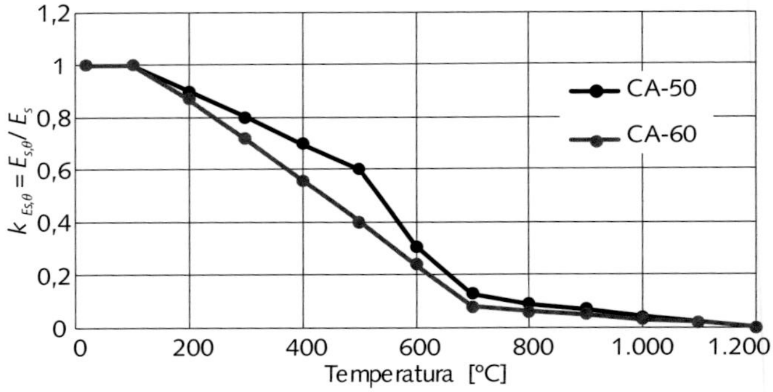

Fig. 3.8 Fator de redução do módulo de elasticidade do aço de armadura passiva em função da temperatura

- Fase elástica

$$\sigma_{s,\theta} = \varepsilon_{s,\theta} \cdot E_{s,\theta}, \text{ se } 0 \leq \varepsilon_{s,\theta} \leq \varepsilon_{p,\theta} \tag{3.10}$$

- Fase inelástica

$$\sigma_{s,\theta} = f_{p,\theta} - c + \frac{b}{a} \cdot \sqrt{a^2 - \left(\varepsilon_{y,\theta} - \varepsilon_{s,\theta}\right)^2}, \text{ se } \varepsilon_{p,\theta} \leq \varepsilon_{s,\theta} \leq \varepsilon_{y,\theta} \tag{3.11}$$

- Escoamento

$$\sigma_{s,\theta} = f_{y,\theta}, \text{ se } \varepsilon_{y,\theta} \leq \varepsilon_{s,\theta} \leq \varepsilon_{t,\theta} \tag{3.12}$$

Tab. 3.4 Valores da relação $k_{Es,\theta} = E_{s,\theta}/E_s$ para aços de armadura passiva (NBR 15200)

Temperatura do aço (°C)	$k_{Es,\theta} = E_{s,\theta}/E_s$	
	CA-50	CA-60
20	1,00	1,00
100	1,00	1,00
200	0,90	0,87
300	0,80	0,72
400	0,70	0,56
500	0,60	0,40
600	0,31	0,24
700	0,13	0,08
800	0,09	0,06
900	0,07	0,05
1.000	0,04	0,03
1.100	0,02	0,02
1.200	0,00	0,00

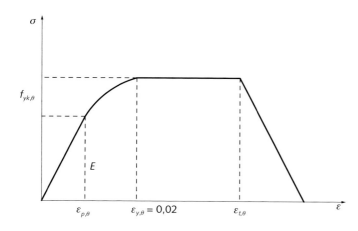

Fig. 3.9 Aspecto do diagrama tensão-deformação dos aços a altas temperaturas (NBR 15200)

- Trecho decrescente

$$\sigma_{s,\theta} = f_{y,\theta} \cdot \left[1 - \left(\frac{\varepsilon_{s,\theta} - \varepsilon_{t,\theta}}{\varepsilon_{u,\theta} - \varepsilon_{t,\theta}}\right)\right], \text{ se } \varepsilon_{t,\theta} \leq \varepsilon_{s,\theta} \leq \varepsilon_{u,\theta} \quad (3.13)$$

- Ruptura

$$\sigma_{s,\theta} = 0 \text{, se } \varepsilon_{s,\theta} \geq \varepsilon_{u,\theta} \quad (3.14)$$

As variáveis podem ser obtidas conforme apresentado nas equações a seguir.

$$a^2 = \left(\varepsilon_{y,\theta} - \varepsilon_{p,\theta}\right) \cdot \left(\varepsilon_{y,\theta} - \varepsilon_{p,\theta} + \frac{c}{E_{s,\theta}}\right) \tag{3.15}$$

$$b^2 = c \cdot \left(\varepsilon_{y,\theta} - \varepsilon_{p,\theta}\right) \cdot E_{s,\theta} + c^2 \tag{3.16}$$

$$c = \frac{\left(f_{y,\theta} - f_{p,\theta}\right)^2}{\left(\varepsilon_{y,\theta} - \varepsilon_{p,\theta}\right) \cdot E_{s,\theta} - 2 \cdot \left(f_{y,\theta} - f_{p,\theta}\right)} \tag{3.17}$$

$$\varepsilon_{p,\theta} = \frac{f_{p,\theta}}{E_{s,\theta}} \tag{3.18}$$

$$\varepsilon_{y,\theta} = 0{,}02 \tag{3.19}$$

$$f_{yk,\theta} = k_{s,\theta} \cdot f_{yk} \tag{3.20}$$

$$f_{pk,\theta} = k_{p,\theta} \cdot f_{yk} \tag{3.21}$$

$$E_{s,\theta} = k_{Es,\theta} \cdot E_s \tag{3.22}$$

Para o aço CA-60 (aço de ductilidade normal), deve-se considerar $\varepsilon_{t,\theta} = 5\%$ e $\varepsilon_{u,\theta} = 10\%$. Para os aços CA-25 e CA-50 (aço de alta ductilidade), deve-se considerar $\varepsilon_{t,\theta} = 15\%$ e $\varepsilon_{u,\theta} = 20\%$. Os valores de $k_{p,\theta}$ podem ser obtidos na Tab. 3.5, sendo f_{yk} a resistência característica do aço de armadura passiva à temperatura ambiente e $k_{p,\theta}$ o fator de redução da resistência do aço de armadura passiva à temperatura θ.

Tab. 3.5 Valores da relação $k_{p,\theta} = f_{pk,\theta}/f_{yk}$ para aços de armadura passiva (NBR 15200)

Temperatura do aço (°C)	$k_{p,\theta} = f_{pk,\theta}/f_{yk}$ CA-50	$k_{p,\theta} = f_{pk,\theta}/f_{yk}$ CA-60
20	1,00	1,00
100	1,00	0,96
200	0,81	0,92
300	0,61	0,81
400	0,42	0,63
500	0,36	0,44
600	0,18	0,26
700	0,07	0,08
800	0,05	0,06
900	0,04	0,05
1.000	0,02	0,03
1.100	0,01	0,02
1.200	0,00	0,00

3.2.3 Fluxo de calor

Para determinar a evolução da temperatura ao longo da seção transversal de um elemento, é necessária uma análise térmica que leve em consideração as dimensões do elemento, a temperatura dos gases e as faces de exposição, entre outros parâmetros.

O anexo F da NBR 15200 especifica que o fluxo de calor por unidade de área (φ), medido em watts por metro quadrado, pode ser determinado da seguinte forma:

$$\varphi = \varphi_c + \varphi_r \tag{3.23}$$

em que:

φ_c = componente do fluxo de calor devido à convecção;

φ_r = componente do fluxo de calor devido à radiação.

O coeficiente φ_c pode ser obtido conforme a seguinte equação:

$$\varphi_c = \alpha_c \cdot \left(\theta_g - \theta_a\right) \qquad (3.24)$$

em que:

α_c = coeficiente de transferência de calor por convecção, adotado como 25 W/m² °C para o caso de exposição ao incêndio-padrão;
θ_g = temperatura dos gases, em °C;
θ_a = temperatura da superfície da estrutura, em °C.

O coeficiente φ_r pode ser obtido por meio de:

$$\varphi_r = 5{,}67 \times 10^{-8} \cdot \varepsilon_{res} \cdot \left[\left(\theta_g + 273\right)^4 - \left(\theta_a + 273\right)^4\right] \qquad (3.25)$$

em que:

ε_{res} = emissividade resultante, podendo ser tomada como 0,7. O valor 5,67 × 10⁻⁸ é a constante de Stefan-Boltzmann, em W/m² K⁴.

3.3 Ações e solicitações em situação de incêndio

A estrutura dos edifícios de concreto armado é usualmente dimensionada à temperatura ambiente conforme a NBR 6118 e, caso não se enquadre nas estruturas isentas de verificação estrutural em situação de incêndio (como apresentado na seção 2.4), deve ser verificada nesse sentido. Tal verificação deve ser feita apenas em estado-limite último para a combinação excepcional correspondente, de acordo com a NBR 6118.

$$F_{d,fi} = \gamma_g \cdot F_{gk} + F_{qexc} + \gamma_q \cdot \sum_{2}^{n}(\varphi_{2j} \cdot F_{qj}) \qquad (3.26)$$

Nessa verificação, pode-se desprezar todos os esforços decorrentes de deformações impostas, por serem muito reduzidos e pelas grandes deformações plásticas que ocorrem em situação de incêndio. Desse modo, a ação do incêndio se traduz na redução da resistência dos materiais e da capacidade resistente dos elementos estruturais, e a verificação usual da estrutura em situação de incêndio se reduz em garantir que:

$$S_{d,fi} = \left(\gamma_g \cdot F_{gk} + F_{qexc} + \gamma_q \cdot \sum_{2}^{n}(\varphi_{2j} \cdot F_{qj})\right) \leq R_{d,fi}\left[f_{ck,\theta}, f_{yk,\theta}, f_{pyk,\theta}\right] \qquad (3.27)$$

Os fatores de ponderação γ_g e γ_q são indicados na NBR 6118. Nos casos em que a ação principal for o fogo, o fator de redução ψ_2 poderá ser reduzido multiplicando-o por 0,70, conforme as recomendações da NBR 8681 (ABNT, 2003).

De maneira simplificada e na ausência de qualquer solicitação gerada pelas deformações impostas em situação de incêndio, as solicitações de cálculo em situação de incêndio ($S_{d,fi}$) podem ser admitidas como 70% das solicitações de cálculo à temperatura ambiente, tomando-se apenas as combinações de ações que não incluem o vento. Ou seja, pode-se considerar:

$$S_{d,fi} = 0{,}70 \cdot S_d \tag{3.28}$$

3.4 Método tabular

O método tabular permite garantir o TRRF, bem como as condições de estanqueidade, para estruturas de concreto armado que apresentem dimensões maiores ou iguais às dimensões tabeladas. Tal método possibilita uma rápida e relativamente simples validação do projeto estrutural em condição de incêndio, entretanto apresenta algumas limitações para estruturas menos usuais ou com complexas condições de contorno e complexas condições de exposição ao fogo.

A verificação da estrutura em situação de incêndio com base no método tabular consiste em atender às dimensões mínimas apresentadas nas tabelas, em função do tipo de elemento estrutural e do TRRF, respeitando-se as limitações indicadas. Adicionalmente, as dimensões dos componentes estruturais devem respeitar a NBR 6118. Essas dimensões mínimas referem-se a:
- largura das vigas;
- espessura das lajes;
- seções transversais de pilares e tirantes;
- distância entre o eixo da armadura longitudinal e a face do concreto exposta ao fogo (c_1).

Não é permitida a consideração do revestimento ao determinar as dimensões mínimas da seção transversal de pilares e lajes planas ou cogumelo. Para outros elementos, essa restrição não se aplica.

Resultados experimentais indicam que, em situação de incêndio, as peças de concreto apresentam usualmente falha por flexão ou flexocompressão, e não por cisalhamento. Portanto, considera-se apenas a verificação da armadura longitudinal nesse método.

Os valores de c_1 nas tabelas desta seção foram determinados admitindo-se a relação entre os esforços solicitantes em situação de incêndio e a temperatura ambiente igual a 0,70 ($S_{d,fi}/S_d = 0{,}7$) e a relação entre a área de armadura calculada e a área de armadura efetiva igual a 1,0 ($A_{s,calc}/A_{s,ef} = 1$). Caso esses valores sejam menores, c_1 pode ser reduzido de Δc_1:

$$\Delta c_1 = 24{,}5 - 35 \left(\frac{S_{d,fi}}{S_d}\right) \cdot \left(\frac{A_{s,calc}}{A_{s,ef}}\right), \text{ em mm} \tag{3.29}$$

Essa equação é válida nos intervalores $0{,}7 \le A_{s,calc}/A_{s,ef} \le 1{,}0$ e $0{,}4 \le S_{d,fi}/S_d \le 0{,}7$. Para relações $A_{s,calc}/A_{s,ef} < 0{,}7$, deve-se adotar $A_{s,calc}/A_{s,ef} = 0{,}7$. E, para relações $S_{d,fi}/S_d < 0{,}4$, deve-se adotar $S_{d,fi}/S_d = 0{,}4$.

Os valores de c_1 referem-se a armaduras passivas. No caso de elementos protendidos, deve-se adicionar a c_1 10 mm para barras e 15 mm para fios e cordoalhas.

Pode-se considerar o revestimento no cálculo das distâncias c_1, com exceção de pilares, lajes lisas e lajes cogumelo, respeitando-se as seguintes limitações:
- revestimentos aderentes de argamassa de cal e areia têm 67% de eficiência relativa ao concreto;
- revestimento de argamassa de cimento e areia aderente tem 100% de eficiência relativa ao concreto;
- revestimentos protetores à base de gesso, vermiculita ou fibras com desempenho equivalente podem ser empregados, desde que sua eficiência e aderência na situação de incêndio sejam demonstradas experimentalmente.

3.4.1 Vigas

As tabelas desta seção fornecem as dimensões mínimas b_{min} e b_{wmin} de largura das vigas e a dimensão mínima c_1 das armaduras inferiores, em função do TRRF. Para a elaboração dessas tabelas, considerou-se a hipótese de vigas com aquecimento em três lados, sob laje. Os valores também podem ser adotados para vigas expostas em todas as faces, desde que sua altura não seja inferior a b_{min} e a seção transversal da viga não seja inferior a $2 \cdot b_{min}^2$.

Existe uma concentração de temperatura junto às bordas da face inferior das vigas. Por essa razão, em vigas com somente uma camada de armaduras e largura não superior a b_{min}, a distância c_{1L} no fundo das vigas deve ser 10 mm maior do que o c_1 apresentado nas tabelas (Fig. 3.10).

Alternativamente, para se manterem iguais os cobrimentos das armaduras em relação tanto à face inferior quanto à lateral da viga, deve-se:
- para concreto armado, especificar as barras de canto com um diâmetro imediatamente superior ao calculado, conforme a NBR 7480;

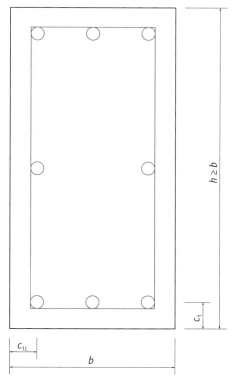

Fig. 3.10 Dimensões da seção transversal das vigas retangulares – distâncias c_1 e c_{1L}

- para concreto protendido, considerar, para efeito de dimensionamento, uma força de protensão igual a 0,70 da indicada para a obra.

Para vigas de largura variável (Fig. 3.11B), b_{min} refere-se ao mínimo valor de b médio ao nível do centro geométrico das armaduras, e b_w é o menor valor de largura da alma da viga. Para vigas com talão (Fig. 3.11C), a largura b e a altura efetiva d_{ef} devem ser maiores que b_{min}, sendo d_{ef} obtido por:

$$d_{ef} = d_1 + 0,5 \cdot d_2 \tag{3.30}$$

No caso de $b \geq 1,4 \cdot b_w$ e $b \cdot d_{ef} < 2 \cdot b_{min}^2$, então c_1 deve ser acrescido de Δc_1:

$$\Delta c_1 = c_1 \cdot \left(1,85 - \frac{d_{ef}}{b_{min}} \cdot \sqrt{\frac{b_w}{b}}\right) \geq c_1 \tag{3.31}$$

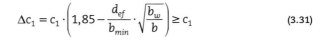

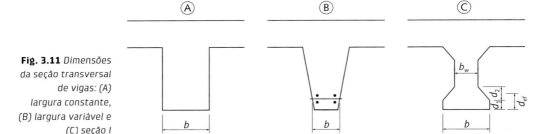

Fig. 3.11 Dimensões da seção transversal de vigas: (A) largura constante, (B) largura variável e (C) seção I

A Tab. 3.6 apresenta as dimensões mínimas para vigas biapoiadas para dimensionamento conforme o método tabular. Já a Tab. 3.7 mostra as dimensões mínimas para vigas contínuas ou vigas de pórticos.

Para vigas contínuas com TRRF $\geq$ 90 min, a área de armaduras negativas entre a linha de centro do apoio e $0,3 \cdot l_{ef}$ deve ser no mínimo equivalente a uma proporção linear que vai de 100% de $A_{s,calc}$ no apoio a 25% de $A_{s,calc}$ a $0,30 \cdot l_{ef}$ do apoio (Fig. 3.12).

Tab. 3.6 Método tabular – dimensões mínimas para vigas biapoiadas (NBR 15200)

TRRF (min)	Combinações b_{min}/c_1 (mm)				b_{wmin} (mm)
30	80/25	120/20	160/15	190/15	80
60	120/40	160/35	190/30	300/25	100
90	140/60	190/45	300/40	400/35	100
120	190/68	240/60	300/55	500/50	120
180	240/80	300/70	400/65	600/60	140

Nota: valores de c_1 válidos para armadura passiva. No caso de elementos protendidos, os valores de c_1 para armaduras ativas devem ser acrescidos de 10 mm para barras e 15 mm para fios e cordoalhas.
Fonte: ABNT (2012, tabela 4).

Tab. 3.7 Método tabular – dimensões mínimas para vigas contínuas ou vigas de pórticos (NBR 15200)

TRRF (min)	Combinações b_{min}/c_1 (mm)					b_{wmin} (mm)
30	80/15	160/12	–	–		80
60	120/25	190/12	–	–		100
90	140/37	250/25	–	–		100
120	190/45	300/35	450/35	500/30		120
180	240/60	400/50	550/50	600/40		140

Nota: valores de c_1 válidos para armadura passiva. No caso de elementos protendidos, os valores de c_1 para armaduras ativas devem ser acrescidos de 10 mm para barras e 15 mm para fios e cordoalhas.
Fonte: ABNT (2012, tabela 5).

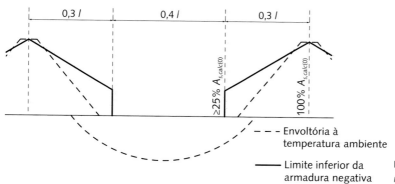

Fig. 3.12 Envoltória de momentos fletores

3.4.2 Lajes

As tabelas a seguir apresentam as dimensões mínimas para:
- lajes simplesmente apoiadas (Tab. 3.8);
- lajes contínuas (Tab. 3.9);
- lajes lisas ou cogumelo (Tab. 3.10);
- lajes nervuradas simplesmente apoiadas (Tab. 3.11);
- lajes nervuradas contínuas em pelo menos uma das bordas (Tab. 3.12);
- lajes nervuradas armadas em uma só direção (Tab. 3.13).

3.4.3 Pilares

As Tabs. 3.14 e 3.15 apresentam respectivamente as dimensões mínimas para pilares com uma face exposta ao fogo e para pilares-parede, sendo $\mu_{fi} = N_{Sd,fi}/N_{Rd}$.

Método tabular geral para dimensionamento de pilares retangulares ou circulares

O método tabular geral para dimensionamento de pilares retangulares ou circulares é ideal para o dimensionamento de estruturas de nós fixos.

Tab. 3.8 Método tabular – dimensões mínimas para lajes simplesmente apoiadas (NBR 15200)

TRRF (min)	h (mm)	c_1 (mm)		
		Laje armada em duas direções		Laje armada em uma direção
		$l_y/l_x \leq 1,5$	$1,5 < l_y/l_x \leq 2,0$	$l_y/l_x > 2,0$
30	60	10	10	10
60	80	10	15	20
90	100	15	20	30
120	120	20	25	40
180	150	30	40	55

Nota 1: dimensão h mínima para garantir a função corta-fogo.
Nota 2: tabela válida para lajes apoiadas nas quatro bordas, caso contrário, considerar laje como armada em uma direção.
Nota 3: valores de c_1 válidos para armadura passiva. No caso de elementos protendidos, os valores de c_1 para armaduras ativas devem ser acrescidos de 10 mm para barras e 15 mm para fios e cordoalhas.
Fonte: ABNT (2012, tabela 6).

Tab. 3.9 Método tabular – dimensões mínimas para lajes contínuas (NBR 15200)

TRRF (min)	h (mm)	c_1 (mm)
30	60	10
60	80	10
90	100	15
120	120	20
180	150	30

Nota 1: dimensão h mínima para garantir a função corta-fogo.
Nota 2: tabela válida para lajes armadas em uma ou duas direções.
Nota 3: valores de c_1 válidos para armadura passiva. No caso de elementos protendidos, os valores de c_1 para armaduras ativas devem ser acrescidos de 10 mm para barras e 15 mm para fios e cordoalhas.
Fonte: ABNT (2012, tabela 7).

Tab. 3.10 Método tabular – dimensões mínimas para lajes lisas ou cogumelo (NBR 15200)

TRRF (min)	h (mm)	c_1 (mm)
30	150	10
60	180	15
90	200	25
120	200	35
180	200	45

Nota: valores de c_1 válidos para armadura passiva. No caso de elementos protendidos, os valores de c_1 para armaduras ativas devem ser acrescidos de 10 mm para barras e 15 mm para fios e cordoalhas.
Fonte: ABNT (2012, tabela 8).

Entretanto, pode ser aplicado também aos casos em que os deslocamentos não lineares devidos ao desaprumo puderem ser desconsiderados em situação de incêndio. Esse método é aplicável para estruturas nas quais os efeitos globais de segunda ordem em temperatura ambiente não ultrapassem 30% dos respectivos esforços em primeira ordem, ou seja, deve-se garantir que $\gamma_z \leq 1,30$.

Tab. 3.11 Método tabular – dimensões mínimas para lajes nervuradas simplesmente apoiadas (NBR 15200)

TRRF (min)	Nervuras – combinações b_{min}/c_1 (mm/mm)			Capa h/c_1 (mm/mm)
30	80/15	–	–	60/10
60	100/35	120/25	190/15	80/10
90	120/45	160/40	250/30	100/15
120	160/60	190/55	300/40	120/20
180	220/75	260/70	410/60	150/30

Nota 1: b_{min} corresponde à largura mínima da nervura ao nível do centro geométrico das armaduras.
Nota 2: dimensão h mínima para garantir a função corta-fogo.
Nota 3: valores de c_1 válidos para armadura passiva. No caso de elementos protendidos, os valores de c_1 para armaduras ativas devem ser acrescidos de 10 mm para barras e 15 mm para fios e cordoalhas.
Fonte: ABNT (2012, tabela 9).

Tab. 3.12 Método tabular – dimensões mínimas para lajes nervuradas contínuas em pelo menos uma das bordas (NBR 15200)

TRRF (min)	Nervuras – combinações b_{min}/c_1 (mm/mm)			Capa h/c_1 (mm/mm)
30	80/10	-	-	60/10
60	100/25	120/15	190/10	80/10
90	120/35	160/25	250/15	100/15
120	160/45	190/40	300/30	120/20
180	310/60	600/50	–	150/30

Nota 1: b_{min} corresponde à largura mínima da nervura ao nível do centro geométrico das armaduras.
Nota 2: dimensão h mínima para garantir a função corta-fogo.
Nota 3: valores de c_1 válidos para armadura passiva. No caso de elementos protendidos, os valores de c_1 para armaduras ativas devem ser acrescidos de 10 mm para barras e 15 mm para fios e cordoalhas.
Fonte: ABNT (2012, tabela 10).

Tab. 3.13 Método tabular – dimensões mínimas para lajes nervuradas armadas em uma só direção (NBR 15200)

TRRF (min)	Nervuras – combinações b_{min}/c_1 (mm/mm)	
30	80/25	100/20
60	100/45	120/40
90	130/60	150/50
120	160/65	220/50
180	220/80	–

Nota: valores de c_1 válidos para armadura passiva. No caso de elementos protendidos, os valores de c_1 para armaduras ativas devem ser acrescidos de 10 mm para barras e 15 mm para fios e cordoalhas.
Fonte: ABNT (2012, tabela 11).

Tab. 3.14 Método tabular – dimensões mínimas para pilares com uma face exposta ao fogo (NBR 15200)

TRRF (min)	Combinações b_{min}/c_1 (mm/mm)
30	155/25
60	155/25
90	155/25
120	175/35
180	230/55

Fonte: ABNT (2012, tabela 12).

Tab. 3.15 Método tabular – dimensões mínimas para pilares-parede (NBR 15200)

TRRF (min)	Combinações b_{min}/c_1 (mm/mm)			
	μ_{fi} = 0,35		μ_{fi} = 0,70	
	Uma face exposta	Duas faces expostas	Uma face exposta	Duas faces expostas
30	100/10	120/10	120/10	120/10
60	110/10	120/10	130/10	140/10
90	120/20	140/10	140/25	170/25
120	140/25	160/25	160/35	220/35
180	180/40	200/45	210/50	270/55

Fonte: ABNT (2012, tabela 13).

As Tabs. 3.16 a 3.24 apresentam as dimensões mínimas da seção transversal e de c_1 para pilares retangulares e circulares em situação de incêndio. Os pilares que possuem taxa de armadura $A_s \geq 0,02 \cdot A_c$ devem possuir distribuição uniforme de armadura ao longo do perímetro da seção para TRRF ≥ 90 min.

São mostradas tabelas para taxa mecânica de armadura de ω = 0,1, ω = 0,5 e ω = 0,7. Essa taxa mecânica pode ser definida pela seguinte equação:

$$\omega = \frac{A_s \cdot f_{yd}}{A_c \cdot f_{cd}} \tag{3.32}$$

em que:

A_s = área total da seção das barras de aço;

A_c = área da seção de concreto;

f_{cd} = valor de cálculo da resistência do concreto à compressão à temperatura ambiente, com γ_c = 1,0;

f_{yd} = valor de cálculo da resistência do aço à temperatura ambiente, com γ_s = 1,0.

Tab. 3.16 Dimensões mínimas para pilares com ω = 0,1, e_{max} = 10 mm (para $b \leq 400$ mm) e e_{max} = 0,025 · b (para b > 400 mm) (NBR 15200)

TRRF (min)	λ_{fi}	b_{min}/c_1			
		v_{fi} = 0,15	v_{fi} = 0,30	v_{fi} = 0,50	v_{fi} = 0,70
30	30	150/25	150/25	150/25	150/25
	40	150/25	150/25	150/25	150/25
	50	150/25	150/25	150/25	200/25
	60	150/25	150/25	200/25	250/25
	70	150/25	150/25	250/25	300/25
	80	150/25	200/25	250/30:300/25	350/25
60	30	150/25	150/25	200/25	200/30:250/25
	40	150/25	150/25	200/25	250/25
	50	150/25	200/25	250/25	300/25
	60	150/25	200/40:250/25	250/40:300/25	350/30:400/25
	70	200/25	250/30:300/25	300/40:350/25	450/35:550/25
	80	200/30:250/25	250/40:300/25	400/30:450/25	550/60:600/35
90	30	150/25	200/25	200/50:250/25	250/30:300/25
	40	150/35:200/25	200/30:250/25	250/25	300/25
	50	200/25	250/25	300/25	350/50:400/25
	60	200/35:250/25	250/40:300/25	350/35:400/25	450/50:55/25
	70	250/25	300/35:350/25	400/45:550/25	600/40
	80	250/30:300/25	350/35:400/25	550/40:600/25	a
120	30	200/25	200/25	200/25	300/45:350/25
	40	200/25	200/25	300/25	400/25
	50	200/25	300/25	350/50:400/25	450/50:500/25
	60	200/25	300/25	450/40:500/25	550/50
	70	250/50:300/25	400/25	500/60:550/25	a
	80	300/25	450/40:500/25	600/45	a
180	30	250/25	250/25	350/25	400/50:450/25
	40	250/25	300/30:350/25	400/25	550/40:600/25
	50	250/50:300/25	350/50:400/25	450/40:500/25	550/60:600/35
	60	300/40:350/25	450/25	550/40:600/25	a
	70	350/30:400/25	500/25	600/80	a
	80	400/30:450/25	550/45:600/25	a	a

Nota "a": requer largura superior a 600 mm. Avaliar via método avançado de cálculo.
Fonte: ABNT (2012, tabela E.1).

Tab. 3.17 Dimensões mínimas para pilares com $\omega = 0{,}1$, $e_{max} = 0{,}25 \cdot b$ (para $b \leq 400$ mm) e $e_{max} = 100$ mm (para $b > 400$ mm) (NBR 15200)

TRRF (min)	λ_{fi}	b_{min}/c_1			
		$v_{fi} = 0{,}15$	$v_{fi} = 0{,}30$	$v_{fi} = 0{,}50$	$v_{fi} = 0{,}70$
30	30	150/25	150/25	200/30:250/25	300/30:350/25
	40	150/25	150/30:200/25	300/25	500/40:550/25
	50	150/25	200/40:250/25	350/40:500/25	550/25
	60	150/25	300/25	550/25	600/30
	70	200/25	350/40:500/25	550/30:600/25	a
	80	250/25	550/25	a	a
60	30	150/30:200/25	200/40:300/25	300/40:500/25	500/25
	40	200/30:250/25	300/35:350/25	450/50:550/25	550/40:600/25
	50	200/40:300/25	350/45:550/25	550/30:600/30	600/55
	60	250/35:400/25	450/50:550/25	600/35	a
	70	300/40:500/25	550/30:600/25	600/80	a
	80	400/40:550/25	600/30	a	a
90	30	200/40:250/25	300/40:400/25	500/50:550/25	550/40:600/25
	40	250/40:350/25	350/50:550/25	550/35:600/25	600/50
	50	300/40:500/25	500/60:550/25	600/40	a
	60	300/50:550/25	550/45:600/25	a	a
	70	400/50:550/25	600/45	a	a
	80	500/60:600/25	a	a	a
120	30	250/50:350/25	400/50:550/25	550/25	550/60:600/45
	40	300/50:500/25	500/50:550/25	550/50:600/25	a
	50	400/50:550/25	550/50:600/25	600/60	a
	60	500/50:550/25	550/55:600/50	a	a
	70	500/60:600/25	600/60	a	a
	80	550/50:600/25	a	a	a
180	30	400/50:500/25	500/60:550/25	550/60:600/30	a
	40	500/50:550/25	550/50:600/25	600/80	a
	50	550/25	600/60	a	a
	60	550/50:600/25	600/80	a	a
	70	600/55	a	a	a
	80	600/70	a	a	a

Nota "a": requer largura superior a 600 mm. Avaliar via método avançado de cálculo.
Fonte: ABNT (2012, tabela E.2).

Tab. 3.18 Dimensões mínimas para pilares com $\omega = 0{,}1$, $e_{max} = 0{,}5 \cdot b$ (para $b \leq 400$ mm) e $e_{max} = 200$ mm (para $b > 400$ mm) (NBR 15200)

TRRF (min)	λ_{fi}	b_{min}/c_1			
		$v_{fi} = 0{,}15$	$v_{fi} = 0{,}30$	$v_{fi} = 0{,}50$	$v_{fi} = 0{,}70$
30	30	150/25	400/40:550/25	500/25	a
	40	200/25	550/25	550/35:600/30	a
	50	250/30:300/25	550/30:600/25	a	a
	60	300/40:550/25	600/25	a	a
	70	400/40:550/25	a	a	a
	80	550/25	a	a	a
60	30	300/35:500/25	500/50:550/25	550/50:600/40	a
	40	350/40:550/25	550/40:600/30	a	a
	50	450/50:550/25	550/50:600/40	a	a
	60	550/30	600/80	a	a
	70	550/35	a	a	a
	80	550/40	a	a	a
90	30	350/50:550/25	550/45:600/40	600/80	a
	40	500/60:600/30	550/60:600/50	a	a
	50	550/40	600/80	a	a
	60	550/50:600/45	a	a	a
	70	550/60:600/50	a	a	a
	80	600/70	a	a	a
120	30	550/40:600/30	550/50	a	a
	40	550/50:600/45	600/70	a	a
	50	550/55:600/50	a	a	a
	60	550/60:600/50	a	a	a
	70	600/70	a	a	a
	80	a	a	a	a
180	30	550/50	600/80	a	a
	40	550/60	a	a	a
	50	600/70	a	a	a
	60	a	a	a	a
	70	a	a	a	a
	80	a	a	a	a

Nota "a": requer largura superior a 600 mm. Avaliar via método avançado de cálculo.
Fonte: ABNT (2012, tabela E.3).

Tab. 3.19 Dimensões mínimas para pilares com $\omega = 0,5$, $e_{max} = 10$ mm (para $b \leq 400$ mm) e $e_{max} = 0,025 \cdot b$ (para b > 400 mm) (NBR 15200)

TRRF (min)	λ_{fi}	b_{min}/c_1			
		$v_{fi} = 0,15$	$v_{fi} = 0,30$	$v_{fi} = 0,50$	$v_{fi} = 0,70$
30	30	150/25	150/25	150/25	150/25
	40	150/25	150/25	150/25	150/25
	50	150/25	150/25	150/25	200/25
	60	150/25	150/25	150/25	200/30:250/25
	70	150/25	150/25	200/25	250/25
	80	150/25	150/25	200/30:250/25	300/25
60	30	150/25	150/25	150/30:200/25	200/35:250/25
	40	150/25	150/25	200/25	250/30:300/25
	50	150/25	150/35:200/25	200/40:250/25	250/40:350/25
	60	150/25	200/30:250/25	250/30:300/25	300/40:450/25
	70	150/25	200/35:250/25	200/30:250/25	350/45:600/25
	80	150/35:200/25	250/30:300/25	250/40:350/25	450/50:600/35
90	30	150/25	150/40:200/25	300/40:500/25	250/40:300/25
	40	150/25	200/35:250/25	200/40:250/25	300/40:400/25
	50	150/40:200/25	200/45:250/25	250/30:300/25	350/45:550/25
	60	200/25	250/35:300/25	300/45:350/25	400/50:600/35
	70	200/35:250/25	250/45:350/25	350/45:600/25	550/50:600/45
	80	200/45:250/25	250/50:400/25	400/50:600/35	600/60
120	30	150/35:200/25	200/40:250/25	250/45:300/25	350/45:500/25
	40	200/25	250/25	300/45:350/25	400/50:550/25
	50	200/40:250/25	250/45:300/25	350/45:450/25	450/50:600/25
	60	200/50:250/25	300/45:350/25	400/50:550/25	500/60:600/35
	70	250/35:300/25	350/45:450/25	500/50:600/40	600/65
	80	250/45:300/25	400/50:550/25	500/60:600/45	600/60
180	30	200/45:250/25	250/35:300/25	350/45:400/25	450/45:500/25
	40	250/25	300/45:350/25	450/25	500/55:600/50
	50	250/35:300/25	350/45:400/25	500/40:550/25	600/65
	60	300/40:350/25	450/25	500/60:600/55	600/80
	70	350/25	500/40:550/25	600/65	a
	80	400/30:450/25	500/55:600/45	600/80	a

Nota "a": requer largura superior a 600 mm. Avaliar via método avançado de cálculo.
Fonte: ABNT (2012, tabela E.4).

Tab. 3.20 Dimensões mínimas para pilares com ω = 0,5, e_{max} = 0,25 · b (para $b \leq$ 400 mm) e e_{max} = 100 mm (para b > 400 mm) (NBR 15200)

TRRF (min)	λ_{fi}	b_{min}/c_1			
		v_{fi} = 0,15	v_{fi} = 0,30	v_{fi} = 0,50	v_{fi} = 0,70
30	30	150/25	150/25	150/25	200/30:250/25
	40	150/25	150/25	150/25	300/45:350/25
	50	150/25	150/25	200/30:250/25	350/40:450/25
	60	150/25	150/25	250/30:300/25	500/30:550/25
	70	150/25	150/35:200/25	350/30:400/25	550/35:600/30
	80	150/25	200/30:250/25	400/40:500/25	600/50
60	30	150/25	150/35:200/25	250/35:350/25	350/40:550/25
	40	150/25	200/30:300/25	300/35:500/25	450/50:600/30
	50	150/30:200/25	200/40:350/25	300/45:350/25	500/50:600/35
	60	150/35:200/25	250/40:500/25	400/45:600/30	600/45
	70	200/30:300/25	300/40:500/25	500/40:600/35	600/80
	80	200/35:300/25	350/40:600/25	550/55:600/40	a
90	30	150/35:200/25	200/45:300/25	300/45:550/25	550/50:600/40
	40	200/35:250/25	250/45:500/25	350/50:600/25	550/50:600/45
	50	200/40:300/25	300/45:550/25	550/50:600/35	600/55
	60	200/50:400/25	350/50:600/25	550/50:600/45	a
	70	300/35:500/25	400/50:600/35	600/50	a
	80	300/40:600/25	500/55:600/40	600/80	a
120	30	200/45:300/25	300/45:550/25	450/50:600/25	550/60:600/50
	40	200/50:350/25	350/50:550/25	500/50:600/40	600/55
	50	250/45:450/25	450/50:600/25	550/55:550/45	600/80
	60	300/35:500/25	500/45:600/40	550/60:600/60	a
	70	350/50:550/25	500/50:550/45	600/75	a
	80	400/50:600/25	500/55:550/50	a	a
180	30	300/45:450/25	450/50:600/25	500/60:600/50	600/75
	40	350/50:500/25	500/50:600/25	600/60	a
	50	450/50:500/25	500/60:600/50	600/70	a
	60	500/50:600/25	550/60:600/55	a	a
	70	500/55:600/35	600/65	a	a
	80	500/60:600/55	600/75	a	a

Nota "a": requer largura superior a 600 mm. Avaliar via método avançado de cálculo.
Fonte: ABNT (2012, tabela E.5).

Tab. 3.21 Dimensões mínimas para pilares com $\omega = 0{,}5$, $e_{max} = 0{,}5 \cdot b$ (para $b \leq 400$ mm) e $e_{max} = 200$ mm (para $b > 400$ mm) (NBR 15200)

TRRF (min)	λ_{fi}	b_{min}/c_1			
		$v_{fi} = 0{,}15$	$v_{fi} = 0{,}30$	$v_{fi} = 0{,}50$	$v_{fi} = 0{,}70$
30	30	150/25	150/25	250/35:300/25	500/40:550/25
	40	150/25	150/30:200/25	300/35:450/25	550/30
	50	150/25	200/30:250/25	400/40:500/25	550/50:600/40
	60	150/25	200/35:300/25	450/50:550/25	a
	70	150/25	250/40:400/25	500/40:600/30	a
	80	150/25	300/40:500/25	550/50:600/40	a
60	30	150/30:200/25	200/40:450/25	450/50:550/30	550/50:600/40
	40	150/35:250/25	250/40:500/25	500/40:550/35	600/60
	50	200/35:300/25	300/45:550/25	500/55:550/40	a
	60	200/40:500/25	400/40:600/30	550/50:600/45	a
	70	200/40:550/25	500/40:550/35	600/60	a
	80	250/40:600/25	500/45:600/35	a	a
90	30	250/40:450/25	300/50:500/25	500/55:600/40	600/80
	40	200/50:500/25	350/50:550/35	550/60:600/50	a
	50	250/45:550/25	500/45:550/40	600/60	a
	60	250/50:550/30	500/50:550/45	600/80	a
	70	300/50:550/35	550/50:600/25	a	a
	80	350/50:600/35	550/60:600/50	a	a
120	30	250/50:550/25	500/50:550/40	550/50	a
	40	300/50:600/25	500/55:550/45	550/60:600/55	a
	50	400/50:550/35	500/60:600/45	600/80	a
	60	450/50:600/40	550/50	a	a
	70	500/50:550/45	550/60:600/55	a	a
	80	550/60:600/45	600/70	a	a
180	30	500/45:550/30	550/55	600/75	a
	40	500/50:600/40	550/60	a	a
	50	500/60:550/50	600/70	a	a
	60	550/50	600/75	a	a
	70	550/60	a	a	a
	80	600/60	a	a	a

Nota "a": requer largura superior a 600 mm. Avaliar via método avançado de cálculo.
Fonte: ABNT (2012, tabela E.6).

Tab. 3.22 Dimensões mínimas para pilares com $\omega = 0{,}7$, $e_{max} = 10$ mm (para $b \leq 400$ mm) e $e_{max} = 0{,}025 \cdot b$ (para $b > 400$ mm) (NBR 15200)

TRRF (min)	λ_{fi}	b_{min}/c_1			
		$v_{fi} = 0{,}15$	$v_{fi} = 0{,}30$	$v_{fi} = 0{,}50$	$v_{fi} = 0{,}70$
30	30	150/25	150/25	150/25	150/25
	40	150/25	150/25	150/25	150/25
	50	150/25	150/25	150/25	150/30:200/25
	60	150/25	150/25	150/25	200/30:250/25
	70	150/25	150/25	150/30:200/25	250/25
	80	150/25	150/25	200/30:250/25	250/30:300/25
60	30	150/25	150/25	150/25	200/40:300/25
	40	150/25	150/25	200/30:250/25	250/35:350/25
	50	150/25	150/30:200/25	200/40:250/25	250/40:350/25
	60	150/25	150/40:250/25	250/35:300/25	300/40:600/25
	70	150/25	200/35:250/25	250/40:400/25	350/40:450/35
	80	150/30:200/25	200/40:300/25	300/40:550/25	350/45:450/40
90	30	150/25	200/25	200/40:250/25	250/45:600/25
	40	150/25	200/35:250/25	250/35:350/25	300/45:600/30
	50	150/35:200/25	200/40:250/25	250/45:400/25	350/45:600/35
	60	150/40:250/25	250/55:300/25	300/45:550/25	400/50:600/40
	70	200/35:250/25	300/35:350/25	350/45:600/35	550/50:600/45
	80	200/40:250/25	300/40:500/25	350/50:600/40	550/65:600/55
120	30	150/40:200/25	200/45:250/25	250/40:400/25	400/40:600/25
	40	200/30:250/25	250/25	300/45:400/25	400/50:600/30
	50	200/40:250/25	250/35:300/25	350/40:550/25	550/45:600/40
	60	200/45:250/25	250/45:400/25	400/50:600/25	550/60:600/50
	70	250/25	350/35:450/25	550/40:600/25	600/70
	80	250/35:300/25	350/40:550/25	550/50:600/45	a
180	30	200/50:250/25	300/25	350/45:450/25	500/50:600/45
	40	250/25	300/45:350/25	450/45:550/25	550/60:600/55
	50	250/30:300/25	350/40:450/25	450/50:600/40	600/70
	60	250/40:350/25	350/50:500/25	550/55:600/50	600/80
	70	300/45:400/25	450/45:600/35	550/70:600/65	a
	80	350/40:450/25	550/50:600/40	600/75	a

Nota "a": requer largura superior a 600 mm. Avaliar via método avançado de cálculo.
Fonte: ABNT (2012, tabela E.7).

Tab. 3.23 Dimensões mínimas para pilares com $\omega = 0{,}7$, $e_{max} = 0{,}25 \cdot b$ (para $b \leq 400$ mm) e $e_{max} = 100$ mm (para $b > 400$ mm) (NBR 15200)

TRRF (min)	λ_{fi}	b_{min}/c_1			
		$v_{fi} = 0{,}15$	$v_{fi} = 0{,}30$	$v_{fi} = 0{,}50$	$v_{fi} = 0{,}70$
30	30	150/25	150/25	150/25	200/30:300/25
	40	150/25	150/25	150/25	250/30:450/25
	50	150/25	150/25	200/25	300/35:500/25
	60	150/25	150/25	200/30:250/25	400/40:550/25
	70	150/25	150/25	250/35:300/25	500/35:600/30
	80	150/25	150/30:250/25	300/35:500/25	500/60:600/35
60	30	150/25	150/30:200/25	200/40:400/25	300/50:600/30
	40	150/25	150/40:250/25	250/40:500/25	400/50:600/35
	50	150/25	200/35:400/25	300/40:600/25	500/45:600/40
	60	150/30:200/25	200/40:450/25	400/40:600/30	550/40:600/40
	70	150/35:200/25	240/40:550/25	450/45:500/35	600/60
	80	200/30:250/25	300/40:550/25	500/50:600/40	600/80
90	30	200/25	200/40:300/25	250/40:550/25	500/50:600/45
	40	200/30:250/25	200/50:400/25	300/50:600/35	500/60:600/50
	50	200/35:300/25	250/50:550/25	400/50:600/40	600/55
	60	200/40:400/25	300/45:600/25	500/50:600/45	600/70
	70	200/45:450/25	300/50:600/35	550/55:600/50	a
	80	200/50:500/25	400/50:600/35	600/25	a
120	30	200/40:250/25	250/50:400/25	450/45:600/30	600/60
	40	200/45:300/25	300/40:500/25	500/50:600/35	a
	50	250/40:400/25	400/40:550/25	550/50:600/45	a
	60	250/50:450/25	400/50:500/35	600/55	a
	70	300/40:500/25	500/45:600/35	a	a
	80	300/50:550/25	500/60:600/40	a	a
180	30	300/35:400/25	450/50:550/25	500/60:600/45	a
	40	300/40:450/25	500/40:600/30	550/65:600/60	a
	50	400/40:500/25	500/45:600/35	600/75	a
	60	400/45:550/25	500/55:600/45	a	a
	70	400/50:600/30	500/65:600/50	a	a
	80	500/45:600/35	600/70	a	a

Nota "a": requer largura superior a 600 mm. Avaliar via método avançado de cálculo.
Fonte: ABNT (2012, tabela E.8).

Tab. 3.24 Dimensões mínimas para pilares com ω = 0,7, e_{max} = 0,5 · b (para b ≤ 400 mm) e e_{max} = 200 mm (para b > 400 mm) (NBR 15200)

TRRF (min)	λ_{fi}	b_{min}/c_1			
		v_{fi} = 0,15	v_{fi} = 0,30	v_{fi} = 0,50	v_{fi} = 0,70
30	30	150/25	150/25	200/30:300/25	500/30:550/25
	40	150/25	150/25	250/30:450/25	500/40:600/30
	50	150/25	150/30:200/25	300/35:500/25	500/35
	60	150/25	200/30:250/25	350/40:500/25	550/50
	70	150/25	200/30:300/25	450/50:550/25	a
	80	150/25	250/30:350/25	500/35:600/30	a
60	30	150/25	200/35:450/25	350/40:600/30	550/45:600/40
	40	150/30:200/25	200/40:500/25	450/50:500/35	600/60
	50	150/35:250/25	250/40:550/25	500/40:600/35	600/80
	60	200/30:350/25	300/40:600/25	500/50:600/40	a
	70	250/30:450/25	350/40:600/30	550/50:600/45	a
	80	250/55:500/25	450/40:500/35	600/70	a
90	30	200/35:300/25	250/50:550/25	500/50:600/40	600/70
	40	200/40:450/25	300/50:600/30	500/55:600/45	a
	50	200/45:500/25	350/50:600/35	550/50	a
	60	200/50:550/25	450/50:600/40	600/60	a
	70	250/45:600/30	500/50:600/45	600/80	a
	80	250/50:500/35	550/55:600/45	a	a
120	30	200/50:450/25	450/40:600/25	550/55:600/50	a
	40	250/50:500/25	500/40:600/30	600/65	a
	50	300/40:550/25	500/50:600/35	a	a
	60	350/45:550/25	500/60:600/40	a	a
	70	450/40:600/30	550/60:600/50	a	a
	80	450/45:600/30	600/65	a	a
180	30	350/45:550/25	500/45:600/40	600/80	a
	40	450/45:600/30	500/60:600/45	a	a
	50	450/50:600/35	500/70:600/55	a	a
	60	500/45:600/40	550/70:600/65	a	a
	70	500/50:600/40	600/75	a	a
	80	500/55:600/45	a	a	a

Nota "a": requer largura superior a 600 mm. Avaliar via método avançado de cálculo.
Fonte: ABNT (2012, tabela E.9).

Os valores de f_{cd} e f_{yd} são determinados por meio de:

$$f_{cd} = \frac{f_{ck}}{\gamma_c} = \frac{f_{ck}}{1,0} \quad (3.33)$$

$$f_{yd} = \frac{f_{yk}}{\gamma_s} = \frac{f_{yk}}{1,0} \quad (3.34)$$

A força reduzida adimensional em situação de incêndio (v_{fi}) é obtida por:

$$v_{fi} = \frac{N_{0Sd,fi}}{0,70 \cdot \left(A_c \cdot f_{cd} + A_s \cdot f_{yd}\right)} \quad (3.35)$$

Esse método está limitado a uma excentricidade máxima (e_{max}) apresentada no título de cada tabela. A excentricidade de primeira ordem em situação de incêndio (e) deve ser menor que e_{max} e pode ser determinada por:

$$e = \frac{M_{0Sd,fi}}{N_{0Sd,fi}} \quad (3.36)$$

em que:

$N_{0Sd,fi}$ = valor do esforço normal de compressão de primeira ordem em situação de incêndio, podendo ser assumido como 70% do valor do esforço normal de compressão em temperatura ambiente, desconsiderando o efeito das forças decorrentes do vento;

$M_{0Sd,fi}$ = valor do momento fletor de primeira ordem em situação de incêndio, podendo ser assumido como 70% do valor do esforço em temperatura ambiente, desconsiderando o efeito das forças decorrentes do vento.

O índice de esbeltez em situação de incêndio (λ_{fi}) é obtido pela seguinte equação:

$$\lambda_{fi} = \frac{l_{ef,fi}}{r} \quad (3.37)$$

em que:

$l_{ef,fi}$ = comprimento equivalente do pilar em situação de incêndio;
r = raio de giração da seção de concreto, dado por:

$$r = \sqrt{\frac{I}{A_c}} \quad (3.38)$$

3.4.4 Tirantes

Os valores de b_{min} e c_1 para tirantes podem ser os mesmos valores indicados na Tab. 3.6. A área da seção transversal do tirante não pode ser menor do que $2 \cdot b_{min}^2$. Nos casos em que a deformação excessiva dos tirantes pode afetar a capacidade resistente da estrutura, os valores de c_1 devem ser acrescidos de 10 mm.

3.5 Método simplificado de cálculo
3.5.1 Determinação dos esforços solicitantes de cálculo em situação de incêndio

Para a verificação estrutural via método simplificado, as solicitações de cálculo em situação de incêndio ($S_{d,fi}$) devem ser obtidas conforme apresentado na seção 3.3. De maneira simplificada, pode-se considerar:

$$S_{d,fi} = 0{,}7 \cdot S_d \qquad (3.39)$$

3.5.2 Determinação dos esforços resistentes de cálculo em situação de incêndio

Os esforços resistentes de cálculo em situação de incêndio de cada elemento devem ser calculados com base na distribuição de temperatura para sua seção transversal, considerando a exposição ao fogo conforme o TRRF. Tal distribuição pode ser obtida em literatura técnica ou calculada numericamente a partir do fluxo de calor, apresentado na seção 3.2.3, e com base nas propriedades térmicas do concreto, indicadas na seção 3.2.1.

Pode-se adotar os critérios estabelecidos na NBR 6118 para situação normal (temperatura ambiente), considerando a resistência média em situação de incêndio para o concreto e para o aço. Tal média pode ser obtida distribuindo uniformemente, na parte comprimida da seção de concreto e na armadura total, a perda de resistência por aquecimento. Alternativamente, é possível utilizar métodos que consideram a seção de concreto reduzida em situação de incêndio. Existe literatura técnica que indica como deve ser feita tal redução.

3.5.3 Limitações

O método simplificado de cálculo não garante a função corta-fogo dos elementos estruturais. Caso essa função seja necessária, os elementos devem apresentar dimensões mínimas conforme estabelecido no método tabular, ou o elemento deve ser verificado com base no método avançado de cálculo ou no método experimental.

3.6 Método analítico para pilares

A NBR 15200 apresenta um método analítico para o dimensionamento de pilares de concreto armado com mais de uma face exposta ao fogo. O método fornece o tempo de resistência ao fogo (TRF) do pilar, que depende de sua taxa de solicitação, cobrimento, comprimento destravado equivalente, dimensões da seção transversal e armadura longitudinal. O TRF do pilar deverá ser maior ou igual ao TRRF. O método permite uma avaliação rápida e simplificada da resistência estrutural de pilares em situação de incêndio.

$$\text{TRF} \geq \text{TRRF} \qquad (3.40)$$

Tal formulação é adequada para estruturas de nós fixos. Entretanto, pode ser empregada em estruturas onde os deslocamentos não lineares devidos ao desaprumo puderem ser considerados em situação de incêndio. O coeficiente γ_z da estrutura deverá ser menor que 1,30, o que significa que os efeitos globais de segunda ordem em temperatura ambiente não podem ultrapassar 30% dos respectivos esforços em primeira ordem.

O TRF de um pilar pode ser determinado pela seguinte equação:

$$\text{TRF} = 120 \cdot \left(\frac{R_\mu + R_a + R_l + R_b + R_n}{120} \right)^{1,8} \qquad (3.41)$$

3.6.1 Termo R_μ

O termo R_μ leva em consideração a taxa de solicitação do pilar em situação de incêndio e pode ser obtido por:

$$R_\mu = 83 \cdot \left(1 - \mu_{fi}\right) \qquad (3.42)$$

sendo $\mu_{fi} = N_{Sd,fi}/N_{Rd}$.

3.6.2 Termo R_a

O termo R_a leva em consideração a distância entre a face do pilar e o eixo da armadura e pode ser obtido por:

$$R_a = 1,60 \cdot (c_1 - 30), \text{ com } c_1 \text{ em mm} \qquad (3.43)$$

3.6.3 Termo R_l

O termo R_l leva em consideração o comprimento destravado do pilar em situação de incêndio e pode ser obtido por:

$$R_l = 9,60 \cdot \left(5 - l_{ef,fi}\right) \qquad (3.44)$$

sendo $l_{ef,fi}$ o comprimento equivalente do pilar em situação de incêndio, em metros, que pode ser considerado igual ao da temperatura ambiente, conforme a NBR 6118. Em edifícios de múltiplos pavimentos, compartimentados verticalmente e com efeitos globais de segunda ordem em temperatura ambiente iguais ou inferiores a 10% dos respectivos esforços ($\gamma_z \leq 1,10$), pode-se assumir $l_{ef,fi} = 0,50 \cdot l_e$ para os pavimentos intermediários e $l_{ef,fi} = 0,70 \cdot l_e$ para o pavimento mais alto. Nas situações em que $\gamma_z > 1,10$, $l_{ef,fi}$ deve ser determinado por análise estrutural específica.

3.6.4 Termo R_b

O termo R_b leva em consideração as dimensões da seção transversal do pilar e pode ser obtido por:

$$R_b = 0{,}09 \cdot b', \text{ para } 190 \text{ mm} \leq b' \leq 450 \text{ mm} \quad (3.45)$$

$$R_b = 40{,}5, \text{ para } b' > 450 \text{ mm}$$

sendo

$$b' = 2 \cdot A_c /(b+h), \text{ para } h \leq 1{,}5 \cdot b$$

$$b' = 1{,}2 \cdot b, \text{ para } h > 1{,}5 \cdot b$$

3.6.5 Termo R_n

O termo R_n leva em consideração a quantidade de barras longitudinais existentes no pilar e pode ser obtido por:

$$R_n = 0, \text{ para } n = 4, \text{ sendo } n \text{ o número de barras longitudinais}$$

$$R_n = 12, \text{ para } n > 4 \quad (3.46)$$

3.6.6 Limitações

As seguintes limitações devem ser respeitadas para o uso do método analítico para pilares:
- $A_s/A_c \leq 0{,}04$;
- $25 \text{ mm} \leq c_1 \leq 80 \text{ mm}$;
- $b' \geq 190 \text{ mm}$;
- $e \leq 0{,}15 \cdot b$;
- $l_{ef,fi} \leq 6 \text{ m}$.

3.7 Método avançado de cálculo

O método avançado de cálculo permite determinar a resistência dos elementos estruturais em condições mais genéricas de carregamentos, vinculações e exposição a incêndios. Entretanto, demanda maiores recursos computacionais e mais tempo para cálculo.

As combinações de ações em situação de incêndio devem estar rigorosamente de acordo com a NBR 8681, não sendo possível considerar $S_{d,fi} = 0{,}7 \cdot S_d$.

Os esforços solicitantes de cálculo devem ser calculados por modelos não lineares capazes de considerar as redistribuições de esforços que ocorrem durante o incêndio, bem como os efeitos das deformações térmicas restringidas.

Os esforços resistentes em situação de incêndio devem ser obtidos considerando a distribuição de temperatura conforme a curva de incêndio-padrão e o

TRRF. As distribuições de temperatura e resistência devem levar em conta todas as não linearidades envolvidas no processo.

A determinação da distribuição de temperatura na estrutura e a verificação do isolamento térmico podem ser realizadas analiticamente, por programas validados e de uso consagrado internacionalmente, ou ser avaliadas por ensaios experimentais em estruturas. Entre os *softwares* mais utilizados para o dimensionamento de estruturas em situação de incêndio, pode-se citar o Abaqus FEA (produzido pela Dassault Systèmes), o ANSYS (produzido pela ANSYS Inc.) e o DIANA FEA (produzido pela DIANA FEA BV).

3.8 Método experimental

Em casos especiais, resultados experimentais podem ser adotados visando considerar uma resistência ao fogo superior à calculada com base na NBR 15200. Os ensaios devem estar de acordo com a NBR 5628 ou com norma ou especificação estrangeira, respeitando-se os critérios de similitude aplicáveis.

3.9 Considerações sobre o método do tempo equivalente para estruturas de concreto armado

O anexo A da NBR 15200 apresenta o método do tempo equivalente para estruturas de concreto. Segundo essa norma, o tempo equivalente pode ser obtido por:

$$t_e = 0{,}07 \cdot q_{fi,k} \cdot W \cdot \gamma_n \cdot \gamma_s \tag{3.47}$$

Apesar de a formulação ser diferente da apresentada no Cap. 2 (Eq. 2.6), ambas são equivalentes:

$$t_{eq} = q_{fi} \cdot \gamma_n \cdot \gamma_s \cdot K \cdot W \cdot M$$

Na formulação da NBR 15200, o coeficiente K foi tomado como 0,07 min · m²/MJ e o coeficiente M foi tomado como 1,00 (estruturas de concreto).

3.10 Exercícios resolvidos

3.10.1 Verificação estrutural de laje em situação de incêndio via método tabular

Problema: realize a verificação estrutural da laje L101 em situação de incêndio para o TRRF de 60 min com base no método tabular. Considere cobrimento de 2,0 cm, concreto C30 e armação conforme especificado na Fig. 3.13.

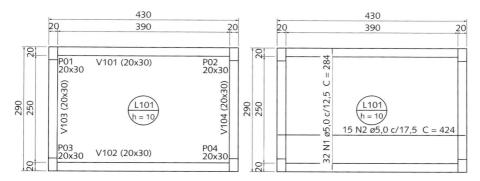

Fig. 3.13 *Forma e armação da laje L101*

Solução:

- *Verificação da altura mínima da laje*: para garantir a função corta-fogo, a tabela 6 da NBR 15200 (ver Tab. 3.8) indica altura mínima de 80 mm para um TRRF de 60 min. A laje em questão possui altura de 100 mm, desse modo atende à função de corta-fogo.
- *Dimensões da laje*: tomando a menor dimensão em planta da laje, l_x = 250 cm, e a maior dimensão em planta da laje, l_y = 390 cm, tem-se l_y/l_x = 390/250 = 1,56. Dessa maneira, trata-se de uma laje armada em duas direções com relação $1,5 < l_y/l_x \leq 2$.
- *Verificação da dimensão mínima c1*: com base na tabela 6 da NBR 15200 (ver Tab. 3.8), determina-se que o valor mínimo de c1 para o TRRF de 60 min é de 15 mm. c1 é a distância entre o eixo da armadura longitudinal e a face do concreto exposta ao fogo. A laje possui cobrimento de 20 mm e armação de $\emptyset$ = 5 mm e, assim, apresenta c_1 = 20 mm (cobrimento) + 5 mm/2 (armação) = 22,5 mm.
- *Conclusão*: com base no método tabular, a laje L101 possui função corta-fogo e integridade estrutural para o TRRF de 60 min.

3.10.2 Verificação estrutural de viga em situação de incêndio via método tabular

Problema: realize a verificação estrutural da viga V101 apresentada a seguir para o TRRF de 60 min com base no método tabular. Considere cobrimento de 20 mm, concreto C30 e viga biapoiada com armação conforme especificado nas Figs. 3.14 e 3.15.

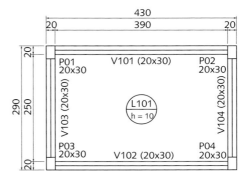

Fig. 3.14 *Forma da viga V101*

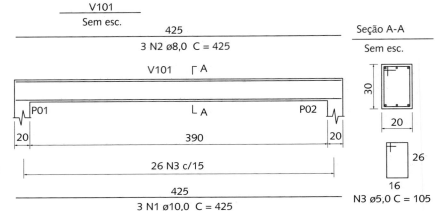

Fig. 3.15 *Forma e armação da viga V101*

Solução:

- *Verificação das dimensões mínimas da viga*: a tabela 4 da NBR 15200 (ver Tab. 3.6) indica as dimensões mínimas para vigas biapoiadas. Para o TRRF de 60 min, tem-se que, para uma viga com largura de 190 mm, deve-se garantir c_1 mínimo de 30 mm. A viga V101 possui largura de 200 mm e c_1 = 20 mm + 5 mm (estribo) + 10 mm/2 (madura inferior) = 30 mm.
- *Conclusão*: com base no método tabular, a viga V101 possui integridade estrutural para o TRRF de 60 min.

3.10.3 Verificação estrutural de pilar em situação de incêndio via método tabular

Problema: realize a verificação estrutural do pilar apresentado a seguir para o TRRF de 60 min considerando apenas uma face exposta ao fogo, com base no método tabular. Considere cobrimento de 20 mm, concreto C30 e armação conforme apresentado na Fig. 3.16.

Solução:

- *Verificação das dimensões mínimas do pilar*: a tabela 12 da NBR 15200 (ver Tab. 3.14) indica as dimensões mínimas para pilares com uma face exposta ao fogo. Para o TRRF de 60 min, tem-se uma largura mínima de 155 mm. O pilar em análise possui dimensões de 20 cm × 30 cm, atendendo a esse requisito normativo. Ainda conforme essa tabela, a dimensão mínima de c_1 é de 25 mm. O pilar em questão apresenta c_1 = 20 mm (cobrimento) + 5 mm (estribo) + 12,5 mm/2 (armadura) = 31,25 mm.
- *Conclusão*: com base no método tabular, o pilar possui integridade estrutural para o TRRF de 60 min.

3.10.4 Verificação estrutural de pilar em situação de incêndio via método analítico

Problema: determine o TRF do pilar apresentado no exercício anterior com base no método analítico para pilares. Considere um pilar de pavimento superior com $\mu_{fi} = 0{,}70$.

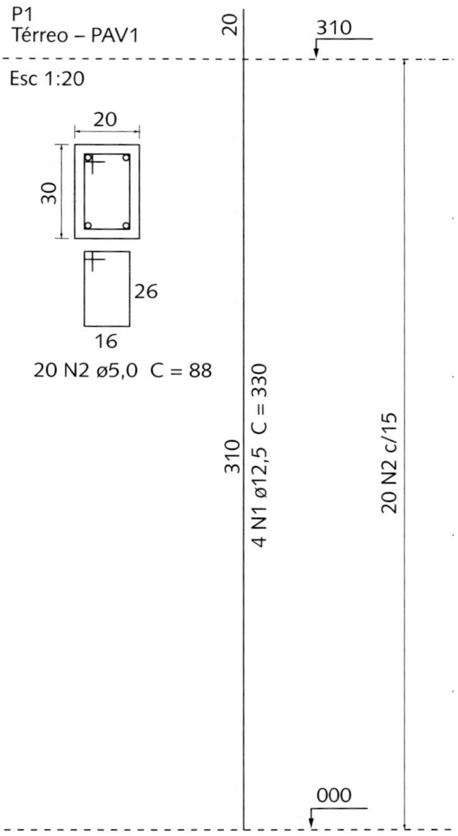

Solução:

- *Método analítico para pilares*: nesse método, o TRF de um pilar pode ser determinado pela equação a seguir.

$$TRF = 120 \cdot \left(\frac{R_\mu + R_a + R_l + R_b + R_n}{120}\right)^{1{,}8}$$

- *Termo R_μ:*

$$R_\mu = 83 \cdot (1 - \mu_{fi}) = 83 \times (1 - 0{,}7) = 24{,}9$$

- *Termo R_a:*

$R_a = 1{,}60 \cdot (c_1 - 30)$, com c_1 em mm

$$R_a = 1{,}60 \times (31{,}25 - 30) = 2$$

- *Termo R_l*: para os pavimentos superiores, toma-se $l_{ef,fi} = 0{,}70 \cdot l_e$ (em metros).

$$l_{ef,fi} = 0{,}70 \cdot l_e = 0{,}70 \times 3{,}10 = 2{,}17 \text{ m}$$

$$R_l = 9{,}60 \times (5 - l_{ef,fi}) = 27{,}2$$

- *Termo R_b*:

$$b' = 2 \cdot A_c/(b+h), \text{ para } h \leq 1{,}5 \cdot b$$
$$b' = 2 \times 60.000/(200+300) = 240 \text{ mm}$$
$$R_b = 0{,}09 \cdot b', \text{ para } 190 \text{ mm} \leq b' \leq 450 \text{ mm}$$
$$R_b = 0{,}09 \times 240 = 21{,}6$$

- *Termo R_n*: tomado como zero para pilares com quatro barras longitudinais.

$$R_n = 0$$

- *Verificação das limitações*: as limitações a seguir devem ser respeitadas para o uso do método analítico para pilares.

◇ $A_s/A_c \leq 0{,}04$ OK!

Fig. 3.16 *Forma e armação do pilar*

◊ $25 \text{ mm} \leq c_1 \leq 80 \text{ mm}$ OK!
◊ $B' \geq 190 \text{ mm}$ OK!
◊ $e \leq 0{,}15 \cdot b$ OK!
◊ $l_{ef,fi} \leq 6 \text{ m}$ OK!

- *Determinação do TRF:*

$$TRF = 120 \cdot \left(\frac{R_\mu + R_a + R_l + R_b + R_n}{120}\right)^{1,8} = 120 \times \left(\frac{24{,}9 + 2 + 27{,}2 + 21{,}6 + 0}{120}\right)^{1,8}$$

$$TRF = 52 \text{ min}$$

3.10.5 Modelagem de pilar em situação de incêndio

Problema: determine a evolução dos campos de temperatura em um pilar de concreto P 20 × 30 com armação longitudinal de 4 ø 12,5, exposto à curva de incêndio-padrão por 120 min com todas as faces expostas, com base em algum *software* capaz de realizar análises de transferência de calor via método dos elementos finitos. Considere a variação das propriedades térmicas e da densidade do concreto com a temperatura. Adote a taxa de umidade no concreto de 3%.

Solução:
- *Modelagem do perfil*: a seção transversal do perfil foi modelada e extrudada com o comprimento do pilar (Fig. 3.17).
- *Determinação das propriedades do concreto*: as propriedades térmicas são definidas conforme exposto ao longo deste capítulo (Fig. 3.18).
- *Definição do tipo de análise*: define-se uma análise do tipo transferência de calor transiente (*transient heat transfer*). Nessa etapa, também é necessário determinar o tempo total de análise e o passo de cada incremento (Δt). Nesse exemplo, definiu-se o tempo total de análise de 7.200 s e o valor máximo de $\Delta t = 5$ s.
  - *Aplicação dos fluxos de calor*: o fluxo de calor é aplicado separadamente – fluxo de calor radiativo e fluxo de calor convectivo.
    ◊ Fluxo radiativo (φ_r): aplicado como radiação de superfície (*surface radiation*), adotou-se $\varepsilon_{res} = 0{,}70$.
    ◊ Fluxo convectivo (φ_c): aplicado como convecção de superfície (*surface film condition*), adotou-se o coeficiente de transferência de calor por convecção $\alpha_c = 25 \text{ W/m}^2 \text{ °C}$.

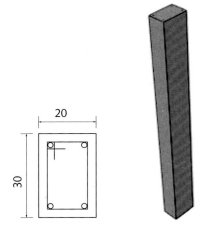

Fig. 3.17 *Seção transversal e perfil extrudado*

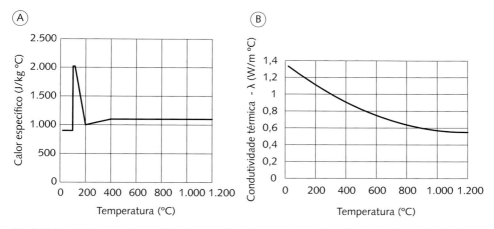

Fig. 3.18 *Propriedades adotadas: (A) calor específico do concreto u = 3% e (B) condutividade térmica do concreto*

- *Definição da temperatura inicial*: a temperatura inicial dos elementos foi definida como 20 °C.
- *Malha*: a malha adotada foi criada automaticamente com elementos de dimensão aproximada de 20 mm (Fig. 3.19). Elementos prismáticos de oito nós foram utilizados.

Fig. 3.19 *Malha adotada*

- *Análise e estudo dos resultados*: as análises foram processadas e os resultados são apresentados a seguir. A Fig. 3.20 mostra os resultados da temperatura obtida na seção transversal em três pontos: (i) face exposta do concreto; (ii) eixo das armaduras; e (iii) a 40 mm da face exposta. O pequeno platô de temperaturas observado na faixa dos 100 °C é devido à evaporação da água livre do concreto, fenômeno que retarda o avanço de temperaturas no pilar.

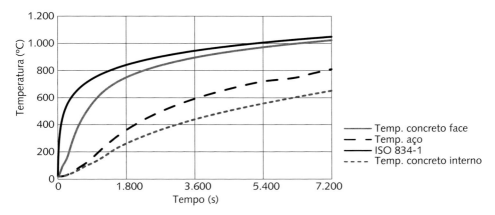

Fig. 3.20 *Resultados da análise térmica*

A Fig. 3.21 apresenta a distribuição de temperatura na seção transversal. Em razão da baixa condutividade térmica do concreto, observa-se uma distribuição não homogênea de temperaturas. As temperaturas do concreto interno foram medidas no centro da seção transversal, a 50 mm do eixo das armaduras.

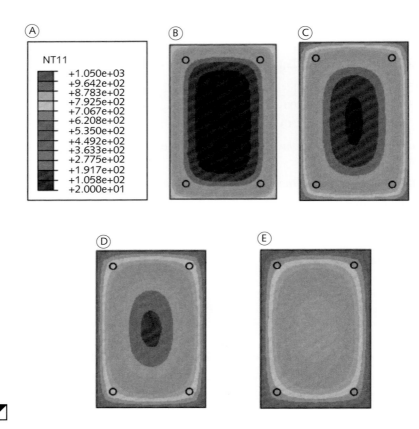

Fig. 3.21 Temperatura na seção transversal: (A) espectro de temperaturas, (B) 30 min, (C) 60 min, (D) 90 min e (E) 120 min

3.11 Exercícios propostos

3.11.1 Otimização de estruturas em situação de incêndio via método tabular

Problema: modifique as dimensões dos elementos estruturais apresentados nas seções 3.10.1, 3.10.2 e 3.10.3 com o objetivo de otimizar o dimensionamento da estrutura em situação de incêndio. Considere um TRRF de 60 min. Faça a verificação estrutural dos elementos em temperatura ambiente.

3.11.2 Modelagem de viga em situação de incêndio

Problema: com o auxílio de um *software* de elementos finitos, defina o campo de temperaturas para a viga exposta na Fig. 3.15 para os tempos de 30 min, 60 min e 90 min. Considere a curva de exposição ISO 834-1 (ISO, 1999) (apresentada na seção 2.2.1) e a existência de uma laje de 8 cm apoiada sobre a viga. Faça uma análise qualitativa dos resultados encontrados e do comportamento estrutural esperado. Avalie o impacto da taxa de umidade do concreto nas temperaturas desenvolvidas.

Dica: se estiver usando uma versão educativa do *software*, com alguma restrição à quantidade de elementos e/ou nós que podem ser utilizados, de forma a otimizar seu desempenho, faça uma análise unidimensional na seção transversal do elemento.

4 DIMENSIONAMENTO AO FOGO DE ESTRUTURAS DE AÇO

4.1 Diretrizes gerais de projeto

O projeto de estruturas de aço e de estruturas mistas de aço e concreto de edifícios em situação de incêndio é preconizado pela NBR 14323 (ABNT, 2013a). Essa norma tem como base o método dos estados-limites e estabelece os requisitos mínimos para o dimensionamento de tais estruturas em situação de incêndio. As estruturas de aço ou mistas devem ser previamente dimensionadas pela NBR 8800 (ABNT, 2008), pela NBR 14762 (ABNT, 2010b) ou pela NBR 16239 (ABNT, 2013b) em temperatura ambiente.

O projeto dessas estruturas compreende a verificação da estrutura para os estados-limites últimos aplicáveis em temperatura elevada. O projeto deve evitar colapsos estruturais totais ou colapsos parciais que prejudiquem a fuga dos usuários e o combate ao incêndio, entretanto pequenos colapsos locais que não resultem na perda de estabilidade da superestrutura são aceitáveis. Não é necessário verificar os estados-limites de serviço em situações de incêndio.

4.2 Propriedades dos materiais em situação de incêndio

O aumento de temperatura resulta na degradação das propriedades mecânicas dos materiais. A NBR 14323 apresenta fatores de redução para propriedades mecânicas do aço em função da temperatura. As propriedades mecânicas e térmicas mostradas aplicam-se aos aços estruturais preconizados pela NBR 8800 ou pela NBR 14762.

Caso o aço estrutural adotado possua propriedades diferentes em função de sua composição ou de trabalhos realizados durante seu processo produtivo, tais como o encruamento, os valores dessas novas propriedades devem ser adotados.

4.2.1 Propriedades do aço de perfis estruturais
Resistência ao escoamento e módulo de elasticidade

Para taxas de aquecimento variando entre 2 °C/min e 50 °C/min, os fatores de redução da resistência ao escoamento das seções que não estão sujeitas à flambagem local em temperaturas elevadas ($k_{y,\theta}$), da resistência ao escoamento das seções sujeitas à flambagem local em temperaturas elevadas ($k_{\sigma,\theta}$) e do módulo de elasticidade em temperaturas elevadas ($k_{E,\theta}$) podem ser obtidos na Tab. 4.1, sendo calculados por:

$$k_{y,\theta} = \frac{f_{y,\theta}}{f_y} \quad (4.1)$$

$$k_{\sigma,\theta} = \frac{f_{y,\theta}}{f_y} \quad (4.2)$$

$$k_{E,\theta} = \frac{E_\theta}{E} \quad (4.3)$$

Tab. 4.1 Fatores de redução das propriedades do aço (NBR 14323)

Temperatura do aço (θ_a) (°C)	Fator de redução da resistência ao escoamento ($k_{y,\theta}$)	Fator de redução da resistência ao escoamento ($k_{\sigma,\theta}$)	Fator de redução do módulo de elasticidade ($k_{E,\theta}$)
20	1,000	1,000	1,000
100	1,000	1,000	1,000
200	1,000	0,890	0,900
300	1,000	0,780	0,800
400	1,000	0,650	0,700
500	0,780	0,530	0,600
600	0,470	0,300	0,310
700	0,230	0,130	0,130
800	0,110	0,070	0,090
900	0,060	0,050	0,068
1.000	0,040	0,030	0,045
1.100	0,020	0,020	0,023
1.200	0,000	0,000	0,000

Fonte: ABNT (2013a).

Os fatores de redução da resistência ao escoamento das seções que não estão sujeitas à flambagem local em temperaturas elevadas ($k_{y,\theta}$) e da resistência ao escoamento das seções sujeitas à flambagem local em temperaturas elevadas ($k_{\sigma,\theta}$) são expressos visualmente na Fig. 4.1. Por sua vez, os fatores de redução do módulo de elasticidade em temperaturas elevadas ($k_{E,\theta}$) são expressos visualmente na Fig. 4.2.

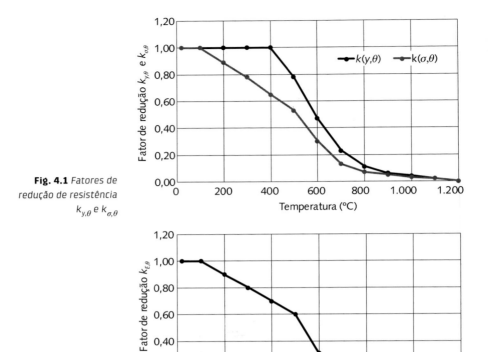

Fig. 4.1 Fatores de redução de resistência $k_{y,\theta}$ e $k_{\sigma,\theta}$

Fig. 4.2 Fatores de redução do módulo de elasticidade do aço

Diagrama tensão-deformação do aço

De acordo com o Eurocode EN 1993-1-2 (CEN, 2005a), o diagrama tensão-deformação do aço a temperaturas elevadas (Fig. 4.3) pode ser elaborado a partir de uma série de equações que representam seu comportamento.

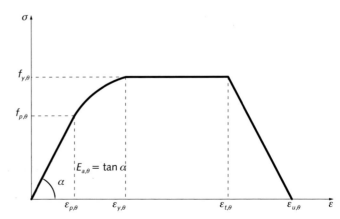

Fig. 4.3 Diagrama tensão-deformação do aço em situação de incêndio

- Fase elástica:

$$\sigma = \varepsilon \cdot E_{a,\theta} \text{, se } \varepsilon \leq \varepsilon_{p,\theta} \quad (4.4)$$

- Fase inelástica:

$$\sigma = f_{p,\theta} - c + \frac{b}{a} \cdot \sqrt{a^2 - \left(\varepsilon_{y,\theta} - \varepsilon\right)^2} \text{, se } \varepsilon_{p,\theta} \leq \varepsilon \leq \varepsilon_{y,\theta} \quad (4.5)$$

- Escoamento:

$$\sigma = f_{y,\theta} \text{, se } \varepsilon_{y,\theta} \leq \varepsilon \leq \varepsilon_{t,\theta} \quad (4.6)$$

- Trecho decrescente:

$$\sigma = f_{y,\theta} \cdot \left[1 - \left(\frac{\varepsilon_{s,\theta} - \varepsilon_{t,\theta}}{\varepsilon_{u,\theta} - \varepsilon_{t,\theta}}\right)\right] \text{, se } \varepsilon_{t,\theta} < \varepsilon < \varepsilon_{u,\theta} \quad (4.7)$$

- Ruptura:

$$\sigma = 0 \text{, se } \varepsilon = \varepsilon_{u,\theta} \quad (4.8)$$

As variáveis podem ser obtidas conforme apresentado nas equações a seguir.

$$a^2 = \left(\varepsilon_{y,\theta} - \varepsilon_{p,\theta}\right) \cdot \left(\varepsilon_{y,\theta} - \varepsilon_{p,\theta} + \frac{c}{E_{a,\theta}}\right) \quad (4.9)$$

$$b^2 = c \cdot \left(\varepsilon_{y,\theta} - \varepsilon_{p,\theta}\right) \cdot E_{a,\theta} + c^2 \quad (4.10)$$

$$c = \frac{\left(f_{y,\theta} - f_{p,\theta}\right)^2}{\left(\varepsilon_{y,\theta} - \varepsilon_{p,\theta}\right) \cdot E_{a,\theta}^{-2} \cdot \left(f_{y,\theta} - f_{p,\theta}\right)} \quad (4.11)$$

em que:
$\varepsilon_{p,\theta} = \dfrac{f_{p,\theta}}{E_{s,\theta}}$;

$\varepsilon_{y,\theta} = 0{,}02$;

$\varepsilon_{t,\theta} = 0{,}15$;

$\varepsilon_{u,\theta} = 0{,}20$.

Propriedades térmicas do aço

Para a determinação da evolução de temperatura ao longo da seção transversal, é necessário conhecer as propriedades térmicas do aço, tais como o alongamento específico, o calor específico, a condutividade térmica e a emissividade. Com exceção da densidade e da emissividade térmica, essas propriedades são variáveis em função da temperatura, entretanto, de maneira simplificada, pode-se adotar os valores constantes sugeridos na NBR 14323.

Densidade

A densidade do aço pode ser considerada independente da temperatura: $\rho_a = 7.850$ kg/m³.

Alongamento específico

Segundo a NBR 14323, o alongamento do aço ($\Delta l/l$) pode ser obtido por:

$$\frac{\Delta l}{l} = 1,2 \times 10^{-5} \cdot \theta_a + 0,4 \times 10^{-8} \cdot \theta_a^2 - 2,416 \times 10^{-4} \quad \text{para } 20\,°C \leq \theta_a < 750\,°C$$

$$\frac{\Delta l}{l} = 1,1 \times 10^{-2} \quad \text{para } 750\,°C \leq \theta_a \leq 860\,°C \tag{4.12}$$

$$\frac{\Delta l}{l} = 2 \times 10^{-5} \cdot \theta_a - 6,2 \times 10^{-3} \quad \text{para } 860\,°C < \theta_a < 1.200\,°C$$

De maneira simplificada, a relação entre o alongamento e a temperatura pode ser considerada constante:

$$\frac{\Delta l}{l} = 14 \times 10^{-6} \cdot (\theta_a - 20) \tag{4.13}$$

A Fig. 4.4 apresenta a evolução do alongamento do aço com a temperatura.

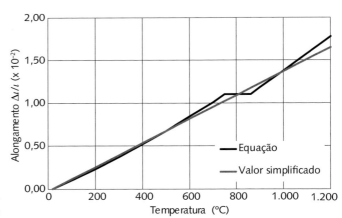

Fig. 4.4 Alongamento total do aço

Calor específico

O calor específico do aço, em J/kg · °C, pode ser determinado do seguinte modo:

$$c_a(\theta) = 425 + 7,73 \times 10^{-1} \cdot \theta_a - 1,69 \times 10^{-3} \cdot \theta_a^2 + 2,22 \times 10^{-6} \cdot \theta_a^3$$
$$\text{para } 20\,°C \leq \theta_a < 600\,°C$$

$$c_a(\theta) = 666 + \frac{13.002}{738 - \theta_a} \quad \text{para } 600\ °C \leq \theta_a < 735\ °C \quad (4.14)$$

$$c_a(\theta) = 545 + \frac{17.820}{\theta_a - 731} \quad \text{para } 735\ °C \leq \theta_a < 900\ °C$$

$$c_a(\theta) = 650 \quad \text{para } 900\ °C \leq \theta_a \leq 1.200\ °C$$

De maneira simplificada, pode-se considerar c_a = 600 J/kg · °C para todas as faixas de temperatura. A Fig. 4.5 ilustra a evolução do calor específico do aço com a temperatura.

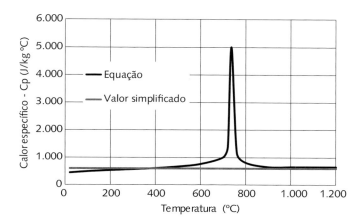

Fig. 4.5 *Calor específico do aço*

Condutividade térmica do aço

A condutividade térmica do aço (λ), em W/m · °C, pode ser obtida por:

$$\lambda = 54 - 3{,}33 \times 10^{-2} \cdot \theta_a \quad \text{para } 20\ °C \leq \theta_a < 800\ °C$$

(4.15)

$$\lambda = 27{,}3 \quad \text{para } 800\ °C \leq \theta_a \leq 1.200\ °C$$

De maneira simplificada, a condutividade térmica pode ser considerada constante, com λ = 45 W/m · °C. A Fig. 4.6 mostra a evolução da condutividade térmica do aço em função da temperatura.

Emissividade

A emissividade térmica de um material é uma propriedade que representa a capacidade de emissão de energia por radiação de sua superfície, podendo variar de 0 a 1. Para fins de simulação, pode-se considerar a emissividade térmica resultante (ε_{res}) do aço como 0,70. De acordo com o Eurocode EN 1993-1-2, a emissividade resultante (ε_{res}) de aços inoxidáveis é de 0,40.

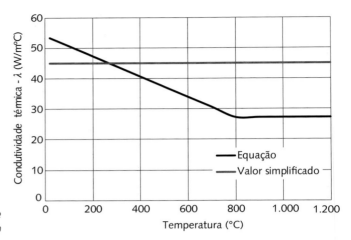

Fig. 4.6 *Condutividade térmica do aço*

4.2.2 Materiais de revestimento contra fogo

As propriedades mecânicas e térmicas dos materiais de revestimento contra fogo adotados, tais como pintura intumescente, revestimento de gesso e afins, devem ser determinadas experimentalmente, de acordo com a NBR 5628 (ABNT, 2001a) ou a EN 13381 (CEN, 2013). As propriedades fornecidas pelo fabricante podem ser utilizadas, desde que tenham sido obtidas conforme as normas citadas. A seção 1.5 deste livro apresenta maiores informações sobre os materiais de proteção térmica (revestimento contra fogo).

4.3 Ações e solicitações em situação de incêndio

A estrutura de um edifício em aço é dimensionada à temperatura ambiente e, caso não se enquadre nos casos de isenção apresentados na seção 2.4, deve ser verificada em situação de incêndio. Tal verificação deve ser feita apenas em estado-limite último para a combinação excepcional correspondente, conforme a NBR 8681 (ABNT, 2003).

A NBR 14323 especifica que, em locais em que não há predominância de pesos de equipamentos que permaneçam fixos por longos períodos de tempo, nem de elevadas concentrações de pessoas, tais como edifícios residenciais e edifícios de acesso restrito, pode-se adotar a seguinte combinação de ações:

$$F_{d,fi} = \sum_{i=1}^{n}\left(\gamma_{gi} \cdot F_{Gi,k}\right) + F_{Q,exc} + 0,21 \cdot F_{Qk} \tag{4.16}$$

Em locais em que há predominância de pesos de equipamentos que permaneçam fixos por longos períodos de tempo ou elevada concentração de pessoas, tais como edifícios comerciais e edifícios de escritórios e de acesso público, pode-se adotar a seguinte combinação de ações:

$$F_{d,fi} = \sum_{i=1}^{n}(\gamma_{gi} \cdot F_{Gi,k}) + F_{Q,exc} + 0,28 \cdot F_{Q,k} \tag{4.17}$$

Para bibliotecas, arquivos, depósitos, oficinas, garagens e afins, pode-se adotar:

$$F_{d,fi} = \sum_{i=1}^{n}(\gamma_{gi} \cdot F_{Gi,k}) + F_{Q,exc} + 0,42 \cdot F_{Q,k} \qquad (4.18)$$

No caso dos perfis estruturais em que o único esforço seja o decorrente da ação do vento, além de seu peso próprio e eventuais ações térmicas, deve-se considerar:

$$F_{d,fi} = \sum_{i=1}^{n}(\gamma_{gi} \cdot F_{Gi,k}) + F_{Q,exc} + 0,20 \cdot F_{W,k} \qquad (4.19)$$

em que:

γ_{gi} = valor do coeficiente de ponderação para a ação permanente direta i, o qual pode ser obtido na tabela 3 da NBR 14323;

$F_{G,k}$ = valor característico das ações permanentes;

$F_{Q,exc}$ = valor característico das ações térmicas decorrentes do incêndio;

$F_{Q,k}$ = valor característico das ações variáveis decorrentes do uso e ocupão da edificação;

$F_{W,k}$ = valor característico da ação do vento.

4.4 Método simplificado de dimensionamento

Para a determinação dos esforços resistentes em situação de incêndio, é necessário conhecer a distribuição da temperatura ao longo da seção transversal e ao longo do comprimento dos elementos estruturais. Tal distribuição pode ser obtida por simulações numéricas ou pelo método simplificado apresentado na seção 4.4.3.

A formulação mostrada neste capítulo considera uma distribuição de temperatura uniforme na seção transversal. Caso a curva de incêndio-padrão seja utilizada e resulte em uma distribuição de temperatura não uniforme, pode-se considerar a maior temperatura na seção e adotar os fatores de redução para essa temperatura.

4.4.1 Determinação dos esforços solicitantes de cálculo
Conceito de deslocabilidade de estruturas

Para a aplicação do método simplificado, é necessário introduzir brevemente o conceito de deslocabilidade de estruturas, apresentado em mais detalhes na NBR 8800. De modo geral, a classificação de deslocabilidade das estruturas indica a sensibilidade destas aos efeitos globais de segunda ordem. Estruturas podem ser consideradas como de pequena, média ou grande deslocabilidade. Uma maneira simples e prática de avaliar esse parâmetro é pela relação entre os deslocamentos horizontais do andar mais alto e da base da edificação, obtidos na análise de segunda ordem (ΔU_2) e na análise de primeira ordem (ΔU_1).

A classificação de deslocabilidade da estrutura deve ser feita à temperatura ambiente, de acordo com a NBR 8800. Pode-se realizá-la apenas para a combinação que apresente maior carregamento gravitacional, desde que esta possua alguma ação que provoque carregamento horizontal. Têm-se, portanto:

- *estruturas de pequena deslocabilidade*: $\Delta U_2/\Delta U_1 \leq 1,1$;
- *estruturas de média deslocabilidade*: $1,1 < \Delta U_2/\Delta U_1 \leq 1,4$;
- *estruturas de grande deslocabilidade*: $\Delta U_2/\Delta U_1 > 1,4$.

Método simplificado

De maneira simplificada, para estruturas de pequena e média deslocabilidade, pode-se considerar os esforços solicitantes de cálculo em situação de incêndio como 70% dos esforços de cálculo adotados para o dimensionamento à temperatura ambiente, tomando-se apenas as combinações de carregamentos que não incluem o vento.

$$S_{d,fi} = 0,70 \cdot S_d \tag{4.20}$$

Para barras em que o único esforço solicitante seja o decorrente da ação do vento, além de seu peso próprio e ações térmicas, deve-se considerar a Eq. 4.19.

Método detalhado

- Estruturas de pequena deslocabilidade:
    ◊ os esforços solicitantes de cálculo podem ser obtidos por análise global elástica linear com as propriedades dos materiais à temperatura ambiente;
    ◊ deve-se considerar o efeito local de não linearidade geométrica (N-δ);
    ◊ as imperfeições iniciais podem ser desconsideradas.
- Estruturas de média e grande deslocabilidade:
    ◊ os esforços solicitantes de cálculo devem ser obtidos por análise global elástica não linear com as propriedades dos materiais à temperatura ambiente;
    ◊ deve-se considerar os efeitos locais (N-δ) e globais (P-Δ) de não linearidade geométrica;
    ◊ as imperfeições iniciais devem ser consideradas por meio de cargas nocionais;
    ◊ as imperfeições de material devem ser consideradas por meio de redução do módulo de elasticidade do aço.

Para ambos os casos, os efeitos das expansões térmicas das barras podem ser desprezados. Adicionalmente, os efeitos de deformações térmicas resultantes dos gradientes térmicos ao longo da altura da seção transversal do elemento estrutural podem ser desprezados caso o TRRF seja superior a 30 min.

4.4.2 Determinação dos esforços resistentes de cálculo

Para a determinação dos esforços resistentes de cálculo, os estados-limites últimos a serem verificados são os mesmos previstos pela NBR 8800 ou pela NBR 14762, a que for aplicável, para o dimensionamento à temperatura ambiente. Os estados-limites relacionados à ruptura da seção líquida não precisam ser considerados para o dimensionamento em situação de incêndio.

4.4.3 Elevação de temperatura do aço

A determinação da elevação de temperatura do aço é feita de maneira diferente em função das características da estrutura. A seguinte divisão foi adotada neste livro:

- estruturas internas sem revestimento contra fogo;
- estruturas internas com revestimento contra fogo;
- estruturas externas;
- estruturas de compartimentação;
- ligações.

Elementos estruturais pertencentes a estruturas internas sem revestimento contra fogo

Evolução de temperatura

Para uma distribuição uniforme de temperatura na seção transversal, a elevação de temperatura no aço ($\Delta\theta_{a,t}$) em um intervalo de tempo (Δ_t) pode ser determinada por:

$$\Delta\theta_{a,t} = k_{sh} \cdot \frac{u/A_g}{c_a \cdot \rho_a} \cdot \varphi \cdot \Delta t \qquad (4.21)$$

em que:

k_{sh} = fator de sombreamento, que pode ser considerado igual a 1,0 ou determinado analiticamente, conforme apresentado na subseção "Fator de sombreamento" (p. 90);

u/A_g = fator de massividade para elementos estruturais de aço sem revestimento, em m^{-1};

u = perímetro do elemento estrutural exposto ao incêndio, em m;

A_g = área bruta da seção transversal do elemento estrutural, em m²;

ρ_a = massa específica do aço, em kg/m³;

c_a = calor específico do aço, em J/kg · °C;

φ = valor do fluxo de calor por unidade de área, em W/m²;

Δt = intervalo de tempo por passo, em s (deve ser limitado a 5 s por passo).

Um novo conceito é introduzido nesta subseção: o fator de massividade, que é a relação entre o perímetro exposto da seção transversal de um perfil ou de um elemento (tal como mesa e alma) e sua área bruta, caso se esteja fazendo um cálculo por metro de comprimento do elemento. De maneira geral, quanto maior for o fator de massividade de um elemento, mais rápido será o aquecimento deste.

Fator de sombreamento

- Seções I ou H:

$$k_{sh} = 0{,}9 \cdot \frac{(u/A_g)_b}{(u/A_g)} \qquad (4.22)$$

em que:

$(u/A_g)_b$ = valor do fator de massividade, definido pela relação entre o perímetro interno de caixa hipotética, com altura d e largura b, que reveste o perfil e a área da seção transversal do perfil de aço (Fig. 4.7A).

Caso o perfil esteja exposto ao incêndio em quatro faces, $u = 2(d + b)$, e, caso o perfil esteja exposto ao incêndio em três faces, $u = 2d + b$.

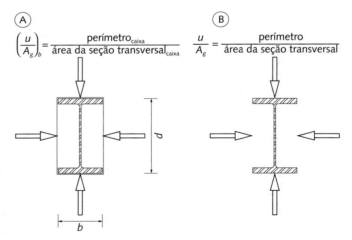

Fig. 4.7 Determinação de fator de sombreamento para (A) caixa hipotética e (B) perfil I ou H (NBR 14323)
Fonte: ABNT (2013a).

- Seções fechadas (tais como seção-caixão e tubulares) e seções sólidas (retangulares e circulares):

$$k_{sh} = 1{,}0 \qquad (4.23)$$

Fluxo de calor

O fluxo de calor por unidade de área (φ), medido em W/m², pode ser determinado da seguinte forma:

$$\varphi = \varphi_c + \varphi_r \qquad (4.24)$$

em que:

φ_c = componente do fluxo de calor devido à convecção;
φ_r = componente do fluxo de calor devido à radiação.

– *Fluxo de calor convectivo*

O componente do fluxo de calor devido à convecção (φ_c) pode ser obtido pela seguinte equação:

$$\varphi_c = \alpha_c \cdot (\theta_g - \theta_a) \qquad (4.25)$$

em que:

α_c = coeficiente de transferência de calor por convecção, adotado como 25 W/m² · °C para o caso de exposição ao incêndio-padrão e como 35 W/m² · °C para o caso de exposição ao incêndio natural;
θ_g = temperatura dos gases, em °C;
θ_a = temperatura da superfície da estrutura, em °C.

– *Fluxo de calor radiativo*

O componente do fluxo de calor devido à radiação (φ_r) pode ser obtido pela seguinte equação:

$$\varphi_r = 5{,}67 \times 10^{-8} \cdot \varepsilon_{res} \cdot \left[(\theta_g + 273)^4 - (\theta_a + 273)^4 \right] \qquad (4.26)$$

em que:

ε_{res} = emissividade resultante, podendo ser tomada como 0,7;
$5{,}67 \times 10^{-8}$ = constante de Stefan-Boltzmann, em W/m² K⁴.

Fator de massividade

O fator de massividade de algumas peças de aço sem revestimento contra fogo é apresentado no Quadro 4.1. Caso o fator de massividade seja definido pela formulação u/A_g, este não deve ser menor que 10 m⁻¹.

Elementos estruturais pertencentes a estruturas internas com revestimento contra fogo

Para uma distribuição uniforme de temperatura na seção transversal, a elevação de temperatura ($\Delta\theta_{a,t}$) em um intervalo de tempo (Δt) pode ser determinada por:

$$\Delta\theta_{a,t} = \frac{\lambda_m \cdot (u_m/A_g)}{t_m \cdot \rho_a \cdot c_a} \cdot \frac{(\theta_{g,t} - \theta_{a,t}) \cdot \Delta t}{1 + (\xi/4)} - \frac{\Delta\theta_{g,t}}{(4/\xi) + 1} \qquad (4.27)$$

considerando $\Delta\theta_{a,t} \geq 0$, se $\Delta\theta_{g,t} > 0$.

Quadro 4.1 Fator de massividade para elementos estruturais sem material de revestimento (NBR 14323)

Seção aberta exposta ao incêndio por todos os lados	Seção tubular de forma circular exposta ao incêndio por todos os lados
$\dfrac{u}{A_g} = \dfrac{\text{perímetro}}{\text{área da seção transversal}}$ 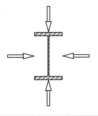	$\dfrac{u}{A_g} = \dfrac{d}{t(d-t)}$ 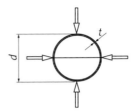
Seção aberta exposta ao incêndio por três lados	Seção tubular de forma retangular (ou seção-caixão soldada de espessura uniforme) exposta ao incêndio por todos os lados
$\dfrac{u}{A_g} = \dfrac{\text{perímetro exposto ao incêndio}}{\text{área da seção transversal}}$ 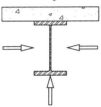	$\dfrac{u}{A_g} = \dfrac{b+d}{t(b+d-2t)}$ 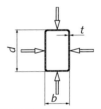
Mesa de seção I ou H exposta ao incêndio por três lados	Seção-caixão soldada exposta ao incêndio por todos os lados
$\dfrac{u}{A_g} = \dfrac{b+2t_f}{bt_f}$ 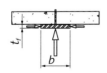	$\dfrac{u}{A_g} = \dfrac{2(b+d)}{\text{área da seção transversal}}$ 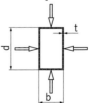
Cantoneira exposta ao incêndio por todos os lados	Seção I ou H com reforço em caixão exposta ao incêndio por todos os lados
$\dfrac{u}{A_g} = \dfrac{2}{t}$ 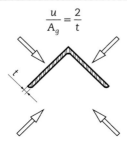	$\dfrac{u}{A_g} = \dfrac{2(b+d)}{\text{área da seção transversal}}$ 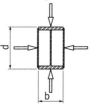

Quadro 4.1 (continuação)

Chapa exposta ao incêndio por todos os lados	Chapa exposta ao incêndio por três lados
$\dfrac{u}{A_g} = \dfrac{2(b+t)}{bt}$ 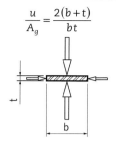	$\dfrac{u}{A_g} = \dfrac{b+2t}{bt}$

Fonte: ABNT (2013a).

Com

$$\xi = \frac{c_m \cdot \rho_m}{c_a \cdot \rho_a} \cdot t_m \cdot \left(u_m/A_g\right) \qquad (4.28)$$

em que:

u_m/A_g = fator de massividade para elementos estruturais envolvidos por material de revestimento contra fogo, em m^{-1};

u_m = perímetro do material de revestimento contra fogo, igual ao perímetro da face interna do material de revestimento, limitado à dimensão do perímetro do elemento estrutural de aço, em m;

c_m = calor específico do material de revestimento contra fogo, em J/kg · °C;

t_m = espessura do material de revestimento contra fogo, em m;

$\theta_{a,t}$ = temperatura do aço, no tempo t, em °C;

$\theta_{g,t}$ = temperatura dos gases, no tempo t, em °C;

λ_m = condutividade térmica do material de revestimento contra fogo, em W · m/°C;

ρ_m = massa específica do material de revestimento, em kg/m³;

Δt = intervalo de tempo por passo, em s (não deve ser superior a 30 s por passo).

Ressalta-se que esse método não pode ser aplicado nos casos em que o material de revestimento contra fogo é tinta intumescente ou algum material que possua comportamento similar. Para materiais que apresentem umidade (por exemplo, argamassas projetadas), o cálculo da elevação de temperatura pode ser modificado, considerando o aumento do calor específico desse material, para levar em conta o retardo no aumento da temperatura do aço.

O fator de massividade de algumas peças de aço com revestimento contra fogo é apresentado no Quadro 4.2. O material de revestimento pode ser do tipo contorno ou do tipo caixa.

Quadro 4.2 Fator de massividade para elementos estruturais com material de revestimento (NBR 14323)

Situação	Descrição	Fator de massividade (u_m/A_g)
	Seção com revestimento tipo contorno, de espessura uniforme, exposta ao incêndio por todos os lados	$\dfrac{\text{perímetro da seção da peça de aço}}{\text{área da seção da peça de aço}}$
	Seção com revestimento tipo caixa[a], de espessura uniforme, exposta ao incêndio por todos os lados	$\dfrac{2(b+d)}{\text{área da seção da peça de aço}}$
	Seção com revestimento tipo contorno, de espessura uniforme, exposta ao incêndio por três lados	$\dfrac{\text{perímetro da seção da peça de aço} - b}{\text{área da seção da peça de aço}}$
	Seção com revestimento tipo caixa[a], de espessura uniforme, exposta ao incêndio por três lados	$\dfrac{2d+b}{\text{área da seção da peça de aço}}$

[a] Válido apenas para c_1 e c_2 inferiores ou iguais a $d/4$.
Fonte: ABNT (2013a).

Elementos estruturais pertencentes a estruturas externas

A determinação da elevação da temperatura em elementos pertencentes a estruturas externas pode ser feita por uma análise térmica detalhada, apresentada na seção 4.5.1, ou de acordo com as recomendações da EN 1993-1-2. Conservadoramente, a evolução da temperatura pode ser definida conforme mostrado na subseção "Elementos estruturais pertencentes a estruturas internas sem revestimento contra fogo" (p. 89).

Elementos estruturais pertencentes a estruturas de compartimentação

Para a determinação da elevação da temperatura em elementos estruturais pertencentes a estruturas de compartimentação, deve-se adotar uma análise térmica detalhada, apresentada na seção 4.5.1. Conservadoramente, a evolução da temperatura pode ser definida conforme mostrado na subseção "Elementos estruturais pertencentes a estruturas internas sem revestimento contra fogo" (p. 89). Para tanto, deve-se considerar como área (A_g) apenas a área determinada pelo perímetro exposto ao fogo (Fig. 4.8).

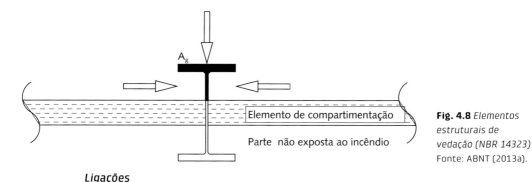

Fig. 4.8 *Elementos estruturais de vedação (NBR 14323)*
Fonte: ABNT (2013a).

Ligações

A temperatura de uma ligação pode ser determinada, de maneira simplificada, como igual à maior temperatura entre aquelas dos elementos estruturais conectados. Caso uma análise mais precisa seja necessária, pode-se lançar mão de modelagem computacional ou do método simplificado apresentado pela EN 1993-1-2.

4.4.4 Capacidade resistente dos elementos estruturais de aço

Barras submetidas à força axial de tração

Para os perfis previstos na NBR 8800 e na NBR 14762, deve-se considerar apenas o estado-limite último de escoamento da área bruta para a determinação da força axial resistente de cálculo em situação de incêndio ($N_{fi,Rd}$) de uma barra de aço axialmente tracionada, que pode ser obtida por:

$$N_{fi,Rd} = k_{y,\theta} \cdot A_g \cdot f_y \tag{4.29}$$

Barras submetidas à força axial de compressão

Perfis não sujeitos à flambagem local

Para os perfis normatizados pela NBR 8800, as barras que não apresentam flambagem local em situação de incêndio são aquelas cujos elementos componentes da seção transversal não possuem relação entre largura e espessura (b/t) superior a $(b/t)_{fi,lim}$. Este pode ser obtido multiplicando o limite $(b/t)_{lim}$ da tabela F.1 da NBR 8800 por 0,85:

$$(b/t)_{fi,lim} = 0,85 \cdot (b/t)_{lim} \tag{4.30}$$

Para os perfis normatizados pela NBR 14762, as barras que não apresentam flambagem local em situação de incêndio são aquelas cujos índices de esbeltez reduzidos λ_p de todos os elementos ou da seção completa não são superiores a 0,85 · $\lambda_{p,lim}$. O parâmetro $\lambda_{p,lim}$ é o máximo valor de λ_p, à temperatura ambiente, que não implica redução decorrente da flambagem local, como indicado na NBR 14762.

$$\lambda_{p,fi,lim} = 0{,}85 \cdot \lambda_{p,lim} \tag{4.31}$$

– Estado-limite último de instabilidade da barra

A força axial de compressão resistente de cálculo de uma barra em situação de incêndio, para o estado-limite último de instabilidade da barra, pode ser obtida por:

$$N_{fi,Rd\theta} = X_{fi} \cdot k_{y,\theta} \cdot A_g \cdot f_y \tag{4.32}$$

em que:

X_{fi} = fator de redução associado à resistência à compressão em situação de incêndio, calculado por:

$$X_{fi} = \frac{1}{\varphi_{0,fi} + \sqrt{\varphi^2_{0,fi} - \lambda^2_{0,fi}}} \tag{4.33}$$

sendo:

$$\varphi_{0,fi} = 0{,}5 \cdot \left(1 + \alpha \cdot \lambda_{0,fi} + \lambda^2_{0,fi}\right)$$

$$\alpha = 0{,}022 \cdot \sqrt{\frac{E}{f_y}} \tag{4.34}$$

$\lambda_{0,fi}$ é o índice de esbeltez reduzido em situação de incêndio, dado por:

$$\lambda_{0,fi} = \frac{\lambda_0}{0{,}85} \tag{4.35}$$

em que:

λ_0 = índice de esbeltez reduzido em temperatura ambiente.

O comprimento de flambagem para o dimensionamento em situação de incêndio, $L_{ef,fi}$, pode ser determinado como no dimensionamento à temperatura ambiente. Entretanto, os pilares contínuos que se comportam como elementos contraventados dos andares intermediários de edifícios de vários andares podem ter seu $L_{ef,fi}$ considerado conforme mostrado na Fig. 4.9.

– Estado-limite último de flambagem distorcional

A força axial de compressão resistente de cálculo de uma barra em situação de incêndio, para o estado-limite último de flambagem distorcional da barra, pode ser obtida por:

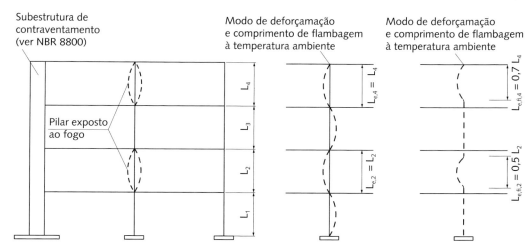

Fig. 4.9 Comportamento de pilares em estruturas de pequena deslocabilidade (NBR 14323)
Fonte: ABNT (2013a).

$$N_{fi,Rd\theta} = X_{dist} \cdot k_{y,\theta} \cdot A_g \cdot f_y \qquad (4.36)$$

em que:

X_{dist} = fator de redução da força axial de compressão resistente, associado à flambagem distorcional, calculado conforme a NBR 14762.

Perfis sujeitos à flambagem local

– *Estado-limite último de instabilidade da barra*

A força axial de compressão resistente de cálculo de uma barra em situação de incêndio, para o estado-limite último de instabilidade da barra, pode ser obtida por:

$$N_{fi,Rd\theta} = X_{fi} \cdot k_{\sigma,\theta} \cdot A_{ef} \cdot f_y \qquad (4.37)$$

em que:

X_{fi} = fator de redução associado à resistência à compressão em situação de incêndio, calculado conforme apresentado na subseção "Perfis não sujeitos à flambagem local" (p. 95), mas com índice de esbeltez reduzido à temperatura ambiente.

$$X_{fi} = \frac{1}{\varphi_{0,fi} + \sqrt{\varphi_{0,fi}^2 - \lambda_0^2}} \qquad (4.38)$$

– *Estado-limite último de flambagem distorcional*

A força axial de compressão resistente de cálculo de uma barra em situação de incêndio, para o estado-limite último de flambagem distorcional da barra, pode ser obtida por:

$$N_{fi,Rd\theta} = X_{dist} \cdot k_{\sigma,\theta} \cdot A_g \cdot f_y \qquad (4.39)$$

em que:

X_{dist} = fator de redução da força axial de compressão resistente, associado à flambagem distorcional, calculado conforme a NBR 14762.

Barras submetidas ao momento fletor

Momento fletor em barras com perfis previstos pela NBR 8800

Os perfis com seção I ou H com relação entre altura e espessura da alma (h/t_w) superior a $4{,}84(E/f_y)^{0{,}5}$ devem ser dimensionados conforme o anexo H da NBR 8800, multiplicando-se a resistência ao escoamento e o módulo de elasticidade por $k_{\sigma,\theta}$ e $k_{E,\theta}$, respectivamente. Os demais perfis devem ser dimensionados como apresentado a seguir.

Os parâmetros de esbeltez λ_p e λ_r devem ser obtidos conforme o anexo G da NBR 8800 e, em seguida, multiplicados por 0,85 para a determinação de $\lambda_{p,fi}$ e $\lambda_{r,fi}$, respectivamente.

$$\lambda_{p,fi} = 0{,}85 \cdot \lambda_p \qquad (4.40)$$

$$\lambda_{r,fi} = 0{,}85 \cdot \lambda_r \qquad (4.41)$$

– *Flambagem local*

Para o estado-limite último de flambagem local, definido no anexo G da NBR 8800, o momento fletor resistente de cálculo em situação de incêndio deve ser obtido por:

- Se $\lambda \leq \lambda_{p,fi}$

$$M_{fi,Rd} = \kappa \cdot k_{y,\theta} \cdot M_{pl} \qquad (4.42)$$

- Se $\lambda_{p,fi} \leq \lambda \leq \lambda_{r,fi}$

$$M_{fi,Rd} = \kappa \cdot k_{y,\theta} \cdot M_y \qquad (4.43)$$

- Se $\lambda > \lambda_{r,fi}$

$$M_{fi,Rd} = \kappa \cdot k_{\sigma,\theta} \cdot M_y \qquad (4.44)$$

em que:

M_{pl} = momento de plastificação da seção transversal à temperatura ambiente;

κ = fator de correção apresentado mais à frente;

M_y = momento fletor correspondente ao início do escoamento à temperatura ambiente.

– *Flambagem lateral com torção*

Para o estado-limite último de flambagem lateral com torção, o momento fletor resistente de cálculo em situação de incêndio deve ser obtido por:

$$M_{fi,Rd} = \kappa \cdot X_{fi} \cdot k_{y,\theta} \cdot M_{pl} \quad (4.45)$$

em que:

X_{fi} = fator de redução do momento fletor associado à flambagem lateral com torção, calculado com $\lambda_{0,fi}$:

$$\lambda_{0,fi} = \sqrt{\frac{k_{y,\theta} \cdot M_{pl}}{k_{E,\theta} \cdot M_{cr}}} \quad (4.46)$$

De maneira simplificada, $\lambda_{0,fi}$ pode ser obtido por:

$$\lambda_{0,fi} = \sqrt{\frac{M_{pl}}{0{,}85 \cdot M_{cr}}} \quad (4.47)$$

– Determinação do coeficiente de correção κ

O coeficiente de correção κ leva em conta o efeito benéfico da distribuição de temperatura não uniforme na seção transversal e pode ser obtido por:

- Para uma viga com os quatro lados expostos ao fogo ou quando a temperatura na seção transversal não for obtida por um processo de distribuição uniforme:

$$\kappa = 1{,}00$$

- Para uma viga envolvida por material de revestimento contra fogo, com três lados expostos e com uma laje incorporada na outra face, com a temperatura na seção transversal obtida por um processo de distribuição uniforme de temperatura:

$$\kappa = 1{,}15$$

- Para uma viga sem material de revestimento contra fogo, com três lados expostos e com uma laje incorporada na outra face, com a temperatura na seção transversal obtida por um processo de distribuição uniforme de temperatura:

$$\kappa = 1{,}40$$

Momento fletor em barras com perfis previstos pela NBR 14762

– Flambagem lateral com torção

Para o estado-limite último de flambagem lateral com torção, o momento fletor resistente de cálculo para esse estado-limite deve ser calculado por:

$$M_{fi,Rd} = X_{fi} \cdot k_{\sigma,\theta} \cdot W_{c,ef} \cdot f_y \quad (4.48)$$

em que:

$W_{c,ef}$ = módulo resistente elástico da seção transversal efetiva em relação às fibras extremas comprimidas, determinado com base no método da largura efetiva ou no método da seção efetiva, conforme a NBR 14762;

X_{fi} = fator de redução do momento fletor associado à flambagem lateral com torção, calculado com $\lambda_{0,fi}$:

$$\lambda_{0,fi} = \sqrt{\frac{W_c \cdot k_{\sigma,\theta} \cdot f}{k_{E,\theta} \cdot M_e}} \qquad (4.49)$$

em que:

W_c = módulo resistente elástico da seção bruta em relação às fibras externas comprimidas;

M_e = momento fletor de flambagem elástica à temperatura ambiente, obtido conforme a NBR 14762 ou com o auxílio de um *software* de análise de estabilidade elástica.

De maneira simplificada, pode-se considerar:

$$\lambda_{0,fi} = \sqrt{\frac{W_c \cdot f_y}{M_e}} \qquad (4.50)$$

Caso o perfil não apresente flambagem local sob flexão em situação de incêndio, o momento fletor deve ser calculado por:

$$M_{fi,Rd} = X_{fi} \cdot k_{y,\theta} \cdot W_{c,ef} \cdot f_y \qquad (4.51)$$

Considerando:

$$\lambda_{0,fi} = \sqrt{\frac{W_c \cdot k_{y,\theta} \cdot f_y}{k_{E,\theta} \cdot M_e}} \qquad (4.52)$$

– *Flambagem distorcional*

Para o estado-limite último de flambagem distorcional, o momento fletor resistente de cálculo para esse estado-limite deve ser calculado por:

$$M_{fi,Rd} = X_{dist} \cdot k_{\sigma,\theta} \cdot W \cdot f_y \qquad (4.53)$$

em que:

X_{dist} = fator de redução do momento fletor resistente associado à flambagem distorcional, calculado conforme a NBR 14762.

Caso o perfil não apresente flambagem local sob flexão em situação de incêndio, o momento fletor deve ser calculado por:

$$M_{fi,Rd} = X_{dist} \cdot k_{y,\theta} \cdot W \cdot f_y \qquad (4.54)$$

Barras submetidas ao cisalhamento

A força cortante resistente de cálculo ($V_{fi,Rd}$) deve ser determinada por meio da formulação da NBR 8800 ou da NBR 14762, a que for aplicável, tomando-se $\gamma_{a1} = 1,0$ e considerando-se os seguintes coeficientes:

$$\lambda_{p,fi} = 0,85 \cdot \lambda_p \tag{4.55}$$

$$\lambda_{r,fi} = 0,85 \cdot \lambda_r \tag{4.56}$$

$$E_\theta = k_{E,\theta} \cdot E \tag{4.57}$$

- Nas seções que não estão sujeitas à flambagem local, ou seja, $\lambda \leq \lambda_{r,fi}$, deve-se considerar:

$$f_{y,\theta} = k_{y,\theta} \cdot f_y \tag{4.58}$$

- Nas seções que estão sujeitas à flambagem local, ou seja, $\lambda > \lambda_{r,fi}$, deve-se considerar:

$$f_{y,\theta} = k_{\sigma,\theta} \cdot f_y \tag{4.59}$$

Barras submetidas à combinação de esforços solicitantes

Perfis previstos pela NBR 8800

Para perfis estruturais de aço previstos pela NBR 8800, com um ou dois eixos de simetria, sujeitos aos efeitos de combinações de força axial de tração ou compressão e momento fletor em torno de um ou dois eixos centrais de inércia, deve ser garantida a seguinte expressão de interação:

- Se $\dfrac{N_{fi,Sd}}{N_{fi,Rd}} \geq 0,2$

$$\frac{N_{fi,Sd}}{N_{fi,Rd}} + \frac{8}{9} \cdot \left(\frac{M_{x,fi,Sd}}{M_{x,fi,Rd}} + \frac{M_{y,fi,Sd}}{M_{y,fi,Rd}} \right) \leq 1,0 \tag{4.60}$$

- Se $\dfrac{N_{fi,Sd}}{N_{fi,Rd}} < 0,2$

$$\frac{N_{fi,Sd}}{2 \cdot N_{fi,Rd}} + \frac{M_{x,fi,Sd}}{M_{x,fi,Rd}} + \frac{M_{y,fi,Sd}}{M_{y,fi,Rd}} \leq 1,0 \tag{4.61}$$

Perfis previstos pela NBR 14762

Para perfis estruturais formados a frio em situação de incêndio, com um ou dois eixos de simetria, sujeitos aos efeitos de combinações de força axial de tração ou compressão e momento fletor em torno de um ou dois eixos centrais de inércia, deve ser garantida a seguinte expressão de interação:

$$\frac{N_{fi,Sd}}{N_{fi,Rd}} + \frac{M_{fi,x,Sd}}{M_{fi,x,Rd}} + \frac{M_{fi,y,Sd}}{M_{fi,y,Rd}} \leq 1,0 \tag{4.62}$$

4.4.5 Ligações

A verificação das ligações entre elementos estruturais de aço em situação de incêndio pode ser dispensada nos casos em que:

- a ligação seja envolvida por material de revestimento contra fogo com espessura maior do que a espessura dos elementos conectados;
- todos os elementos conectados puderem ficar sem material de revestimento contra fogo (nesse caso, a ligação não precisará de revestimento).

4.5 Método avançado de dimensionamento

O método avançado de dimensionamento proporciona uma análise termomecânica realística da estrutura em situação de incêndio, podendo ser aplicado para elementos estruturais individuais e para subconjuntos ou para estruturas completas.

O método pode incluir modelos separados para análise térmica e análise estrutural. O intuito da análise térmica é a determinação dos campos de temperatura dos componentes estruturais, que são incluídos na análise estrutural, cujo objetivo é avaliar o comportamento mecânico da estrutura ou do componente estrutural. De maneira alternativa, é possível fazer uma análise térmica e mecânica acoplada.

O modelo deve ser capaz de identificar todos os modos de falha potenciais, incluindo instabilidades locais e globais, além de outras formas de colapso. Caso o modelo empregado não seja capaz de representar tais métodos de falha, estes devem ser impedidos de ocorrer por um projeto estrutural adequado.

Qualquer curva de aquecimento pode ser utilizada como *input* nesse método, desde que as propriedades térmicas do material sejam conhecidas para a faixa de temperatura adotada.

4.5.1 Análise térmica

A análise térmica tem o objetivo de determinar a evolução das temperaturas ao longo da seção transversal do elemento estrutural. Ela deve ser baseada em princípios reconhecidos nas hipóteses de transferência de calor.

O modelo adotado deve contemplar as ações térmicas relevantes e a variação das propriedades térmicas dos materiais com a temperatura, conforme apresentado nas seções anteriores ou com base em ensaios específicos realizados para o material em questão.

Os efeitos da umidade ou da migração de umidade no material de revestimento podem ser conservadoramente desprezados. Entretanto, maiores temperaturas serão obtidas.

Todos os modos de transferência de calor devem ser considerados: condução, radiação e convecção.

4.5.2 Análise estrutural

A análise estrutural deve ser baseada em princípios reconhecidos de mecânica estrutural e levar em conta as alterações das propriedades mecânicas dos materiais com a temperatura. As tensões e/ou deformações induzidas decorrentes da variação de temperatura e de gradientes de temperatura devem ser consideradas no modelo, bem como as não linearidades envolvidas no processo.

Portanto, o modelo estrutural deve ser capaz de considerar:
- os efeitos combinados de ações mecânicas, imperfeições geométricas e ações térmicas;
- as variações nas propriedades mecânicas dos materiais em função do aumento de temperatura;
- os efeitos da não linearidade geométrica e da não linearidade dos materiais, incluindo os efeitos desfavoráveis do carregamento e do descarregamento na rigidez estrutural.

Apesar de não ser necessária a verificação dos estados-limites de serviço, as deformações devem ser limitadas, quando necessário, para garantir a compatibilidade entre todas as partes da estrutura. Deformações que possam causar colapso devido à perda de apoio adequado de um elemento estrutural devem ser evitadas.

Na ausência de especificações mais precisas, os elementos verticais isolados devem possuir uma imperfeição global inicial senoidal no meio de seu comprimento de pelo menos $l/1.000$, sendo l o comprimento do elemento. Adicionalmente, imperfeições locais e distorcionais também podem ser incluídas no modelo, caso aplicáveis.

4.5.3 Validação do modelo numérico

O método de dimensionamento adotado deve ser verificado e validado com base em ensaios confiáveis realizados segundo as normas NBR 5628, EN 13381 ou outra norma estrangeira aplicável. Os resultados de temperatura, deslocamentos e tempos de resistência ao fogo devem ser comparados e validados.

4.6 Método experimental

Resultados experimentais podem ser adotados visando considerar uma resistência ao fogo superior à calculada com base na NBR 14323. Os ensaios devem estar de acordo com a NBR 5628 ou a EN 13381, respeitando-se os critérios de similitude aplicáveis.

A caracterização dos materiais de revestimento deve ser realizada a partir de resultados de ensaios. Os dados fornecidos pelos fabricantes podem ser utilizados, desde que tenham sido obtidos com base nas normas citadas.

4.7 Reutilização da estrutura após um incêndio

A estrutura só poderá ser liberada para uso depois de um incêndio se for novamente verificada à temperatura ambiente de acordo com a norma aplicável (NBR 8800, NBR 14762 ou NBR 16239), levando-se em consideração a redução dos valores das propriedades mecânicas dos materiais após resfriamento.

Tal verificação pode concluir que não existe a necessidade de recuperação estrutural em casos em que o incêndio tenha sido de pequena severidade (baixa temperatura e baixa duração) ou se a estrutura tinha proteção adequada de material de revestimento contra fogo. Caso contrário, deve-se projetar e executar a recuperação da estrutura, e tal recuperação deve garantir que a estrutura volte a ter as características que apresentava antes do incêndio, incluindo todas as capacidades últimas e de serviço.

Os materiais de revestimento que forem danificados durante o incêndio devem ser substituídos em ambos os casos. O último capítulo deste livro apresenta metodologias para a avaliação e a reabilitação de estruturas danificadas por incêndios.

4.8 Considerações sobre o método do tempo equivalente para estruturas de aço

O anexo F da NBR 14323 apresenta o método do tempo equivalente para estruturas de aço. De acordo com essa norma, o tempo equivalente pode ser obtido por:

$$t_e = 0{,}07 \cdot q_{fi,k} \cdot W \cdot \gamma_n \cdot \gamma_s \cdot \gamma_r \qquad (4.63)$$

Apesar de a formulação ser diferente da apresentada no Cap. 2 (Eq. 2.6), ambas são equivalentes.

$$t_{eq} = q_{fi} \cdot \gamma_n \cdot \gamma_s \cdot K \cdot W \cdot M$$

Na formulação da NBR 14323, o coeficiente K foi tomado como 0,07 min · m²/MJ, o coeficiente M foi tomado como 1,00 (estruturas de aço) e o coeficiente γ_r representa o risco de ativação do incêndio e é equivalente ao coeficiente γ_{s2}.

4.9 Exercícios resolvidos

4.9.1 Determinação da evolução de temperatura de um perfil de aço

Problema: determine analiticamente a evolução de temperatura em um perfil de aço com bitola W 310 × 38,7 exposto à curva de incêndio-padrão por 60 min com todas as faces expostas. Desconsidere a variação das propriedades térmicas do aço com a temperatura. Considere o comprimento do perfil de 2.800 mm e a seção transversal apresentada na Fig. 4.10.

Solução:

A evolução da temperatura de elementos estruturais sem revestimento contra fogo pode ser definida analiticamente conforme apresentado na subseção "Elementos estruturais pertencentes a estruturas internas sem revestimento contra fogo" (p. 89).

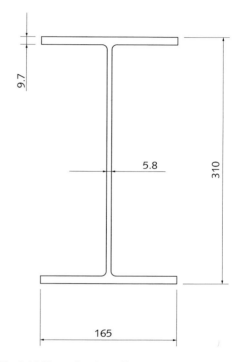

Fig. 4.10 *Dimensões do perfil*

- *Propriedades do perfil e dos materiais:* as propriedades a seguir são necessárias para a determinação da evolução na temperatura do perfil.
    ◊ *Densidade do aço:* ρ_a = 7.850 kg/m³.
    ◊ *Calor específico do aço:* c_a = 600 J/kg · °C.
    ◊ *Emissividade do aço:* ε_{res} = 0,7.
    ◊ *Coeficiente de calor por convecção:* α_c = 25 W/m² · °C.
    ◊ *Perímetro do perfil:* u = 1,258 m.
    ◊ *Área bruta do perfil:* A_g = 0,00497 m².
    ◊ *Fator de massividade do perfil:* u/A_g = 253 m⁻¹.

- *Determinação do fator de sombreamento do perfil:* o fator de sombreamento k_{sh} de perfis I ou H totalmente expostos ao incêndio pode ser tomado como:

$$k_{sh} = 1,0$$

- *Determinação da evolução da temperatura do perfil:* a evolução de temperatura no perfil é calculada com base em intervalos de tempo Δt. A evolução de temperatura de cada intervalo de tempo ($\Delta\theta_{a,t}$) é dada por:

$$\Delta\theta_{a,t} = k_{sh} \cdot \frac{u/A_g}{c_{pa} \cdot \rho_a} \cdot \varphi \cdot \Delta t$$

Pode-se organizar os resultados conforme apresentado na Tab. 4.2.
    ◊ *Coluna 1:* indica o tempo de análise. Deve-se garantir que os intervalos de tempo não sejam superiores a 5 s. Apenas algumas linhas da tabela estão sendo apresentadas no livro, mas, para o cálculo, consideraram-se intervalos de tempo de 5 s.

Tab. 4.2 Evolução de temperatura no perfil

Coluna 1	Coluna 2	Coluna 3	Coluna 4	Coluna 5	Coluna 6	Coluna 7
Tempo (s)	θ_g (°C) ISO 834-1	θ_a (°C)	φ (W/m²)	φ_c (W/m²)	φ_r (W/m²)	$\Delta\theta_{a,t}$
0,00	20,00	20,00	0,00	0,00	0,00	0,00
5,00	96,54	20,00	2.361,07	1.913,45	447,63	0,63
10,00	146,95	20,63	4.097,35	3.157,94	939,41	1,10
15,00	184,61	21,74	5.512,68	4.071,79	1.440,90	1,48
20,00	214,67	23,22	6.725,75	4.786,42	1.939,33	1,81
100,00	418,94	76,69	17.060,95	8.556,26	8.504,69	4,58
200,00	517,48	183,57	22.119,32	8.347,55	13.771,77	5,94
400,00	618,60	424,59	20.532,62	4.850,11	15.682,51	5,52
600,00	678,43	598,99	11.561,13	1.985,89	9.575,24	3,11
800,00	721,07	688,15	5.707,25	822,97	4.884,29	1,53
1.000,00	754,22	735,98	3.512,01	455,98	3.056,03	0,94
1.200,00	781,35	768,61	2.647,19	318,58	2.328,62	0,71
1.400,00	804,32	794,43	2.182,71	247,15	1.935,57	0,59
1.600,00	824,23	816,17	1.872,04	201,37	1.670,67	0,50
1.800,00	841,80	835,03	1.642,72	169,03	1.473,69	0,44
2.000,00	857,52	851,72	1.464,90	144,96	1.319,94	0,39
2.200,00	871,75	866,69	1.322,53	126,39	1.196,14	0,36
2.400,00	884,74	880,28	1.205,81	111,67	1.094,13	0,32
2.600,00	896,70	892,71	1.108,27	99,74	1.008,53	0,30
2.800,00	907,77	904,18	1.025,51	89,90	935,60	0,28
3.000,00	918,08	914,82	954,36	81,66	872,70	0,26
3.200,00	927,73	924,74	892,53	74,67	817,86	0,24
3.400,00	936,79	934,05	838,29	68,68	769,61	0,23
3.600,00	945,34	942,80	790,30	63,49	726,82	–

◊ Coluna 2: indica a temperatura dos gases quentes, calculada conforme a curva-padrão (Eq. 2.3). Lembre-se de que na curva-padrão o tempo t é expresso em minutos.

$$\theta_g = \theta_o + 345 \cdot \log(8 \cdot t + 1)$$

◊ Coluna 3: indica a temperatura do aço. Toma-se a temperatura inicial de 20 °C para o primeiro passo e calcula-se a temperatura do passo posterior adicionando $\Delta\theta_{a,t}$.

◊ Coluna 4: indica o fluxo de calor total, calculado pela Eq. 4.24.

$$\varphi = \varphi_c + \varphi_r$$

◊ Coluna 5: indica o fluxo de calor convectivo, calculado pela Eq. 4.25.

$$\varphi_c = \alpha_c \cdot (\theta_g - \theta_a)$$

◊ Coluna 6: indica o fluxo de calor radiativo, calculado pela Eq. 4.26.

$$\varphi_r = 5{,}67 \times 10^{-8} \cdot \varepsilon_{res} \cdot \left[(\theta_g + 273)^4 - (\theta_a + 273)^4 \right]$$

◊ Coluna 7: indica a evolução de temperatura no passo, calculada pela Eq. 4.21.

$$\Delta\theta_{a,t} = k_{sh} \cdot \frac{u/A_g}{c_a \cdot \rho_a} \cdot \varphi \cdot \Delta t$$

Observa-se que, ao final de 60 min de exposição (3.600 s), a temperatura do aço é de 943 °C. Nesse mesmo instante, a temperatura dos gases quentes é de 945 °C. A Fig. 4.11 mostra a evolução de temperaturas calculada.

O aumento da temperatura de um elemento estrutural de aço é proporcional a seu fator de massividade. Para critérios comparativos, as temperaturas desenvolvidas na alma e nas mesas do perfil também estão apresentadas na Fig. 4.11. O fator de massividade do perfil (253,1 m⁻¹) é menor do que o fator de massividade da alma (344,8 m⁻¹) e maior do que o das mesas (218,3 m⁻¹), e, consequentemente, as maiores temperaturas são observadas na alma do perfil e as menores temperaturas, nas mesas.

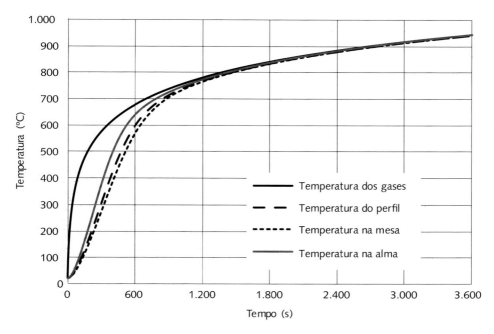

Fig. 4.11 *Temperatura dos gases quentes e temperatura do perfil*

4.9.2 Determinação das temperaturas de um perfil via análise térmica detalhada

Problema: determine a evolução de temperatura em um perfil de aço com bitola W 310 × 38,7 exposto à curva de incêndio-padrão por 60 min com todas as faces expostas com base em algum *software* de análise via método dos elementos finitos. Faça duas análises: (i) desconsiderando a variação das propriedades térmicas do aço com a temperatura; e (ii) considerando a variação das propriedades térmicas do aço com a temperatura.

Solução:

- *Modelagem do perfil*: a seção transversal do perfil foi modelada e extrudada com o comprimento do pilar (Fig. 4.12).

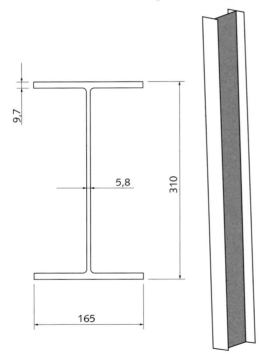

Fig. 4.12 Seção transversal e perfil extrudado

- *Determinação das propriedades do aço*: as propriedades térmicas são definidas conforme exposto ao longo deste capítulo.
  ◊ Densidade do aço: ρ_a = 7.850 kg/m³.
  ◊ Emissividade do aço: ε_{res} = 0,7.
  ◊ Coeficiente de calor por convecção: α_c = 25 W/m² · °C.

O calor específico e a condutividade térmica do aço são apresentados na Fig. 4.13.

- *Definição do tipo de análise*: define-se uma análise do tipo transferência de calor transiente (*transient heat transfer*). Nessa etapa, também é necessário determinar o tempo total de análise e o passo de cada incremento (Δt). Nesse exemplo, definiu-se o tempo total de análise de 3.600 s e o valor máximo de Δt = 5 s.
- *Aplicação dos fluxos de calor*: o fluxo de calor é aplicado separadamente – fluxo de calor radiativo e fluxo de calor convectivo.
  ◊ *Fluxo radiativo* (φ_r): aplicado como *surface radiation* (radiação de superfície), adotou-se ε_{res} = 0,70.
  ◊ *Fluxo convectivo* (φ_c): aplicado como *surface film condition* (convecção de superfície), adotou-se o coeficiente de transferência de calor por convecção α_c = 25 W/m² · °C.
- *Definição da temperatura inicial*: a temperatura inicial do perfil foi definida como 20 °C.

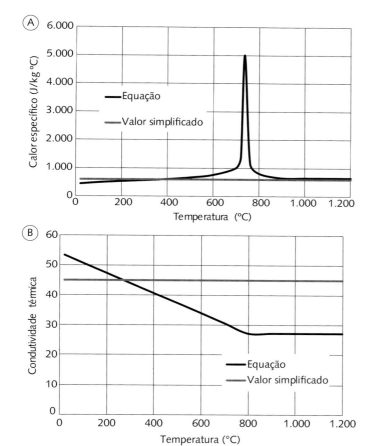

Fig. 4.13 *Propriedades adotadas na modelagem: (A) calor específico do aço e (B) condutividade térmica do aço*

- *Malha*: a malha adotada foi criada automaticamente com elementos de dimensão aproximada de 20 mm, sendo que dois elementos foram considerados ao longo da espessura da alma e da mesa (Fig. 4.14). Elementos prismáticos de oito nós foram utilizados.
- *Análise e estudo dos resultados*: as análises foram processadas e os resultados são apresentados a seguir. A Fig. 4.15 mostra os resultados da temperatura obtida no aço com base no método analítico do exercício anterior e com base nos métodos numéricos: (i) simplificado (desconsiderando a variação das propriedades térmicas do aço); e (ii) avançado (considerando a variação das propriedades térmicas do aço com a temperatura).

Observa-se uma boa correlação dos resultados obtidos. O platô de temperaturas na faixa dos 750 °C para

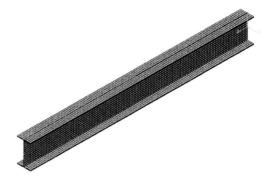

Fig. 4.14 *Malha adotada*

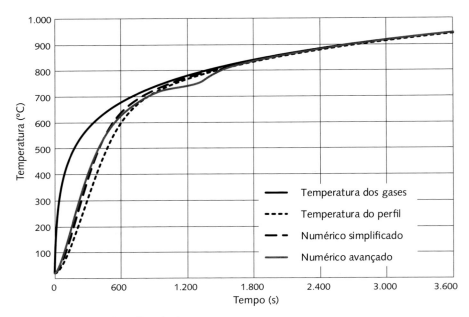

Fig. 4.15 *Resultados da análise térmica*

o método numérico avançado é devido ao pico do calor específico do aço nessa faixa de temperatura (ver Fig. 4.13A), resultado de uma transformação de fase do material, em um processo endotérmico. A Fig. 4.16 ilustra a distribuição de temperatura na seção transversal em virtude da alta condutividade térmica do aço e das espessuras relativamente baixas dos elementos. Observa-se uma distribuição homogênea de temperatura, validando o método analítico apresentado anteriormente.

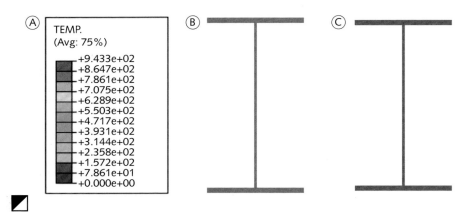

Fig. 4.16 *Temperatura na seção transversal: (A) espectro de temperaturas; (B) 30 min de exposição; e (C) 60 min de exposição*

4.9.3 Determinação do esforço resistente de um pilar em temperatura elevada

Problema: determine a força axial de compressão resistente do pilar mostrado no exercício anterior para a temperatura de 500 °C com base no método analítico apresentado na NBR 14323. Considere o perfil rotulado com L = 2.800 mm.

Solução:

- Propriedades mecânicas do aço:
    - $E = 200.000$ MPa;
    - $f_y = 345$ MPa;
    - $\theta = 500$ °C;
    - $k_{\sigma,\theta} = 0,53$;
    - $f_{y,\theta} = f_y \cdot k_{\sigma,\theta} = 345 \times 0,53 = 182,8$ MPa;
    - $k_{E,\theta} = 0,60$;
    - $E_\theta = f_y \cdot k_{\sigma,\theta} = 200.000 \times 0,60 = 120.000$ MPa;
    - $r_x = 131,4$ mm;
    - $r_y = 38,2$ mm;
    - $I_x = 5,581 \times 10^7$ mm^4;
    - $I_y = 7,27 \times 10^6$ mm^4;
    - $I_t = 132.000$ mm^6.

- *Determinação do coeficiente Q_a para a flambagem local da alma:* com base na tabela F.1 da NBR 8800, a relação $(b/t)_{lim}$ para o perfil estudado (perfil grupo 2, elemento apoiado-apoiado AA) é dada pela equação a seguir.

$$(b/t)_{lim} = 1,49 \cdot \sqrt{\frac{E}{f_y}} = 1,49 \times \sqrt{\frac{200.000}{345}} = 35,87$$

Em situação de incêndio, têm-se:

$$(b/t)_{fi,lim} = 0,85 \cdot (b/t)_{lim} = 0,85 \times 35,87 = 30,49$$

$$h_w/t_w = 278,6/5,8 = 48,0 > (b/t)_{fi,lim}$$

A relação h_w/t_w supera $(b/t)_{fi,lim}$, portanto a alma do perfil está sujeita à flambagem local, sendo necessário calcular o fator de redução Q_a, dado por:

$$Q_a = A_{ef}/A_g$$

em que:

A_{ef} = área efetiva da seção transversal do perfil;

A_g = área bruta.

$$A_{ef} = A_g - \sum(b - b_{ef}) \cdot t$$

em que:

b e t = largura e espessura de um elemento comprimido AA, respectivamente;

b_{ef} = largura efetiva do elemento.

$$b_{ef} = 1,92 \cdot t \cdot \sqrt{\frac{E}{\sigma}} \cdot \left[1 - \frac{c_a}{b/t} \sqrt{\frac{E}{\sigma}}\right] \leq b$$

em que:

c_a = coeficiente igual a 0,38 para mesas ou almas de seções tubulares retangulares e 0,34 para outros elementos;

σ = tensão que pode atuar no elemento analisado, tomada de maneira conservativa por:

$$\sigma = f_{y,\theta}$$

Têm-se então:

$$b_{ef} = 1,92 \cdot t \cdot \sqrt{\frac{E_\theta}{f_{y,\theta}}} \cdot \left[1 - \frac{c_a}{b/t}\sqrt{\frac{E_\theta}{f_{y,\theta}}}\right] = 1,92 \times 5,8 \times \sqrt{\frac{120.000}{182,8}} \times \left[1 - \frac{0,34}{278,6/5,8}\sqrt{\frac{120.000}{182,8}}\right]$$

$$b_{ef} = 233,6 \text{ mm}$$

$$A_{ef} = 4.970 - (278,6 - 233,6) \times 5,8 = 4.709 \text{ mm}^2$$

$$Q_a = \frac{4.709}{4.970} = 0,947$$

- *Determinação do coeficiente Q_s*: com base na tabela F.1 da NBR 8800, a relação $(b/t)_{lim}$ para o perfil estudado (perfil grupo 4, elemento apoiado-apado AL) é dada pela equação a seguir.

$$(b/t)_{lim} = 0,56 \cdot \sqrt{\frac{E}{f_y}} = 0,56 \times \sqrt{\frac{200.000}{345}} = 13,48$$

Em situação de incêndio, têm-se:

$$(b/t)_{fi,lim} = 0,85 \cdot (b/t)_{lim} = 0,85 \times 13,48 = 11,46$$

$$\frac{b_f}{2 \cdot t_f} = \frac{165}{2 \times 9,7} = 8,5 < (b/t)_{fi,lim}$$

A relação $b_f/2 \cdot t_f$ não supera $(b/t)_{fi,lim}$, portanto toma-se:

$$Q_s = 1,0$$

- *Determinação do coeficiente Q*:

$$Q = Q_a \cdot Q_s = 0,947 \times 1,0 = 0,947$$

Dimensionamento ao fogo de estruturas de aço 113

- *Determinação da carga de flambagem elástica:* o cálculo da carga de flambagem elástica é realizado com base no anexo E da NBR 8800. Para uma barra duplamente simétrica, têm-se:

$$N_{ex} = \frac{\pi^2 \cdot E \cdot I_x}{(K_x \cdot L_x)^2} = \frac{\pi^2 \cdot 200.000 \times 8,58 \times 10^7}{(1 \times 2.800)^2} = 21.600 \text{ kN}$$

$$N_{ey} = \frac{\pi^2 \cdot E \cdot I_y}{(K_y \cdot L_y)^2} = \frac{\pi^2 \cdot 200.000 \times 7,27 \times 10^6}{(1 \times 2.800)^2} = 1.830 \text{ kN}$$

$$r_o = \sqrt{r_x^2 + r_y^2 + x_o^2 + y_o^2} = \sqrt{131,4^2 + 38,2^2 + 0^2 + 0^2} = 136,84 \text{ mm}$$

$$N_{ez} = \frac{1}{r_o^2} \cdot \left[\frac{\pi^2 \cdot E \cdot C_w}{(K_z \cdot L_z)^2} + G \cdot I_t \right]$$

$$N_{ez} = \frac{1}{136,84^2} \times \left[\frac{\pi^2 \cdot 200.000 \times 1,63728 \times 10^{11}}{(1 \times 2.800)^2} + 77.000 \times 132.000 \right] = 2.744 \text{ kN}$$

$$N_e = \min(N_{ex}, N_{ey}, N_{ez}) = 1.830 \text{ kN}$$

- *Determinação do índice de esbeltez reduzido:* em temperatura ambiente, o índice de esbeltez reduzido é dado pela equação a seguir.

$$\lambda_o = \sqrt{\frac{Q \cdot A_g \cdot f_y}{N_e}} = \sqrt{\frac{0,947 \times 4.970 \times 345}{1.830.000}} = 0,942$$

O índice de esbeltez reduzido em situação de incêndio, por sua vez, é dado por:

$$\lambda_{0,fi} = \frac{\lambda_0}{0,85} = \frac{0,942}{0,85} = 1,108$$

- *Determinação do fator de redução associado à resistência à compressão em situação de incêndio* (X_{fi}):

$$\alpha = 0,022 \cdot \sqrt{\frac{E}{f_y}} = 0,022 \times \sqrt{\frac{200.000}{345}} = 0,53$$

$$\varphi_{0,fi} = 0,5 \cdot \left(1 + \alpha \cdot \lambda_{0,fi} + \lambda^2_{0,fi}\right) = 0,5 \times \left(1 + 0,53 \times 1,108 + 1,108^2\right) = 1,407$$

Por se tratar de um perfil sujeito à flambagem local (Q < 1,0), adota-se a formulação apresentada na subseção "Perfis sujeitos à flambagem local" (p. 97).

$$X_{fi} = \frac{1}{\varphi_{0,fi} + \sqrt{\varphi_{0,fi}^2 - \lambda_o^2}} = \frac{1}{1,407 + \sqrt{1,407^2 - 1,108^2}} = 0,44$$

- *Determinação da força axial de compressão resistente de cálculo*: a força axial de compressão resistente de cálculo $N_{fi,Rd\theta}$ é dada pela equação a seguir.

$$N_{fi,Rd\theta} = X_{fi} \cdot k_{\sigma,\theta} \cdot A_{ef} \cdot f_y = 0,44 \times 0,53 \times 0,947 \times 4.970 \times 345 = 378,6 \text{ kN}$$

4.9.4 Determinação do esforço resistente de um pilar em temperatura elevada via análise estrutural avançada

Problema: determine a força axial de compressão resistente do pilar mostrado no Exercício 4.9.2 para a temperatura de 500 °C com base no método avançado de cálculo e compare os resultados com o método analítico apresentado na NBR 14323.

Solução:
- *Modelagem do perfil*: a seção transversal do perfil foi modelada e extrudada com o comprimento do pilar (Fig. 4.12).
- *Determinação das propriedades do aço*: as propriedades térmicas são definidas conforme exposto ao longo deste capítulo (Figs. 4.1 a 4.3).
- *Definição do tipo de análise*: define-se uma análise do tipo estática genérica (*static general*). Nessa etapa, é necessário estabelecer um número suficientemente grande de passos para representar o problema estudado com a precisão desejada.
- *Aplicação das condições de contorno e carga*: o pilar em estudo possui comprimento de 2.800 mm e condições de contorno do tipo rotulado-rotulado. O carregamento foi aplicado no topo do pilar. Foram consideradas imperfeições iniciais geométricas locais e globais no pilar.
- *Definição da temperatura do perfil*: a temperatura do perfil foi determinada como 500 °C.
- *Malha*: foi adotada a mesma malha apresentada na Fig. 4.14.
- *Análise e estudo dos resultados*: com base nos resultados da análise, identifica-se a força axial de compressão resistente de cálculo.

$$N_{fi,Rd\theta} = 469 \text{ kN}$$

A configuração deformada do pilar é ilustrada na Fig. 4.17.

O método avançado de cálculo apresentou uma força de compressão

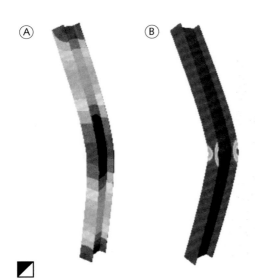

Fig. 4.17 *Resultados da análise: (A) configuração deformada da estrutura e (B) deformações plásticas*

resistente de cálculo em situação de incêndio maior do que o valor obtido pelo método analítico.

4.10 Exercícios propostos
4.10.1 Dimensionamento de viga em situação de incêndio com base no método simplificado

Problema: determine o momento fletor resistente de cálculo em situação de incêndio da viga descrita a seguir para o TRRF de 60 min.
- *Perfil*: W 250 × 44,8.
- *Comprimento*: 3.200 mm.
- Ausência de travamentos intermediários.
- Aço: ASTM A572Gr50.
- *Curva de exposição*: ISO 834-1 (ISO, 1999) (curva de incêndio-padrão).
- Carga uniformemente distribuída na altura do centro geométrico da seção transversal.

4.10.2 Dimensionamento de viga em situação de incêndio com base no método avançado

Problema: determine o momento fletor resistente de cálculo em situação de incêndio da viga descrita no exercício anterior com base no método avançado de cálculo. Realize a análise térmica e estrutural com o auxílio de algum *software* de elementos finitos.

5 DIMENSIONAMENTO AO FOGO DE ESTRUTURAS MISTAS DE AÇO E CONCRETO

5.1 Diretrizes gerais de projeto

As diretrizes gerais de projeto de estruturas mistas são semelhantes àquelas para estruturas de aço apresentadas na seção 4.1. As estruturas mistas de aço e concreto devem ser projetadas conforme a NBR 8800 (ABNT, 2008) e, dependendo de suas características, devem ser verificadas em temperatura elevada, sendo que tal avaliação é feita de acordo com a NBR 14323 (ABNT, 2013a).

5.2 Propriedades dos materiais em situação de incêndio

5.2.1 Propriedades mecânicas e térmicas do aço estrutural

As propriedades mecânicas e térmicas do aço estrutural devem ser obtidas na NBR 14323, como apresentado no Cap. 4:

- propriedades mecânicas do aço em altas temperaturas (subseção "Resistência ao escoamento e módulo de elasticidade", p. 81);
- diagrama tensão-deformação do aço em altas temperaturas (subseção "Diagrama tensão-deformação do aço", p. 82);
- propriedades térmicas do aço (subseção "Propriedades térmicas do aço", p. 83).

5.2.2 Propriedades mecânicas e térmicas do concreto e do aço de armaduras

As propriedades mecânicas e térmicas do concreto e do aço das armaduras devem ser obtidas na NBR 15200 (ABNT, 2012), como apresentado no Cap. 3:

- resistência à compressão do concreto em altas temperaturas (subseção "Resistência à compressão do concreto em altas temperaturas", p. 41);
- diagrama tensão-deformação do concreto em altas temperaturas (subseção "Diagrama tensão-deformação do concreto", p. 42);

- propriedades térmicas do concreto (subseção "Propriedades térmicas do concreto", p. 43);
- resistência do aço de armaduras em altas temperaturas (subseção "Resistência do aço em altas temperaturas", p. 47);
- diagrama tensão-deformação do aço de armaduras (subseção "Diagrama tensão-deformação do aço", p. 82).

5.2.3 Materiais de revestimento contra fogo

As propriedades mecânicas e térmicas dos materiais de revestimento contra fogo adotados, tais como pintura intumescente, revestimento de gesso e afins, devem ser determinadas experimentalmente de acordo com a NBR 5628 (ABNT, 2001a) ou a EN 13381 (CEN, 2013). As propriedades fornecidas pelo fabricante podem ser utilizadas, desde que tenham sido obtidas conforme as normas citadas.

5.3 Ações e solicitações em situação de incêndio

As combinações de carregamentos em situação de incêndio para estruturas mistas de aço e concreto são semelhantes às combinações para estruturas de aço preconizadas na NBR 14323 e apresentadas na seção 4.3.

5.4 Método tabular para pilares mistos

O dimensionamento de pilares mistos pelo método tabular está preconizado no anexo B da NBR 14323. Tal método consiste em garantir que sejam atendidas dimensões mínimas de largura e altura dos pilares, cobrimento mínimo para armaduras e perfil de aço, entre outros.

5.4.1 Pilares mistos totalmente revestidos com concreto

Para pilares mistos constituídos por perfil I ou H de aço revestidos com concreto com função estrutural, pode-se adotar a tabela B.1 da NBR 14323 para dimensionamento, apresentada na Tab. 5.1. Essa tabela indica duas opções para dimensionamento, devendo-se garantir que as dimensões do pilar sejam iguais ou superiores às dimensões d_c, b_c, c e u_s para o TRRF.

A armadura longitudinal do concreto deve ser constituída por no mínimo quatro barras de aço com diâmetro de 12,5 mm. A taxa de armadura do pilar misto deve estar de acordo com o anexo P da NBR 8800, e as dimensões e a disposição dos estribos devem obedecer aos requisitos da NBR 6118 (ABNT, 2014).

O concreto revestindo o perfil pode ter somente a função de isolamento térmico. Nesse caso, deve-se adotar a tabela B.2 da NBR 14323, apresentada na Tab. 5.2. Para TRRFs superiores a 30 min, deve-se empregar armadura longitudinal de ao menos 4 ø 12,5 mm, aumentando-a caso necessário para respeitar um espaçamento máximo de 250 mm entre as barras. A distância entre o eixo das

Tab. 5.1 Requisitos para pilares mistos totalmente revestidos com concreto (NBR 14323)

			TRRF (min)				
			30	60	90	120	180
1.1	Dimensões mínimas de d_c e b_c (mm)		150	180	220	300	350
1.2	Cobrimento mínimo de concreto para a seção de aço estrutural c (mm)		40	50	50	75	75
1.3	Distância mínima da face ao eixo das barras da armadura u_s (mm) ou		20	30	30	40	50
2.1	Dimensões mínimas de d_c e b_c (mm)		–	200	250	350	400
2.2	Cobrimento mínimo de concreto para a seção de aço estrutural c (mm)		–	40	40	50	60
2.3	Distância mínima da face ao eixo das barras da armadura u_s (mm)		–	20	20	30	40

Fonte: ABNT (2013a, tabela B.1).

Tab. 5.2 Cobrimento de concreto para pilares de aço com função apenas de isolamento (NBR 14323)

	TRRF (min)				
	30	60	90	120	180
Cobrimento de concreto (c) (mm)	0	25	30	40	50

Fonte: ABNT (2013a, tabela B.2).

barras da armadura longitudinal e a superfície externa do pilar deve estar entre 20 mm e 50 mm.

5.4.2 Pilares mistos parcialmente revestidos com concreto

A Tab. 5.3 indica os requisitos mínimos para o dimensionamento de pilares mistos parcialmente revestidos com concreto. O uso dessa tabela está limitado a:
- perfis I ou H constituídos por aço com resistência ao escoamento entre 250 MPa e 400 MPa e resistência à ruptura entre 400 MPa e 500 MPa;
- relação entre a espessura da alma e a espessura da mesa do perfil de aço (t_w/t_f) não inferior a 0,5.

O nível de carga (η_{fi}) dos pilares mistos é definido por:

$$\eta_{fi} = \frac{N_{fi,Sd}}{N_{Rd,ref}} \qquad (5.1)$$

Tab. 5.3 Requisitos para pilares mistos parcialmente revestidos com concreto (NBR 14323)

		TRRF (min)			
		30	60	90	120
1	Requisitos para o nível de carga $\eta_{fi} \leq 0,30$				
1.1	Dimensões mínimas de d_c e b_c (mm)	160	200	300	400
1.2	Distância mínima da face ao eixo das barras da armadura u_s (mm)	–	50	50	70
1.3	Taxa mínima de armadura $A_s/(A_c + A_s)$ (%)[a]	–	4	3	4
2	Requisitos para o nível de carga $\eta_{fi} \leq 0,50$				
2.1	Dimensões mínimas de d_c e b_c (mm)	160	300	400	–
2.2	Distância mínima da face ao eixo das barras da armadura u_s (mm)	–	50	70	–
2.3	Taxa mínima de armadura $A_s/(A_c + A_s)$ (%)[a]	–	4	4	–
3	Requisitos para o nível de carga $\eta_{fi} \leq 0,70$				
3.1	Dimensões mínimas de d_c e b_c (mm)	160	400	–	–
3.2	Distância mínima da face do concreto ao eixo das barras da armadura u_s (mm)	40	70	–	–
3.3	Taxa mínima de armadura $A_s/(A_c + A_s)$ (%)[a]	1	4	–	–

[a] A_s é a área da armadura longitudinal e A_c é a área de concreto da seção transversal do pilar misto.
Fonte: ABNT (2013a, tabela B.3).

em que:

$N_{fi,Sd}$ = força de compressão solicitante de cálculo no pilar em situação de incêndio;

$N_{Rd,ref}$ = força axial de compressão resistente de cálculo à temperatura ambiente desconsiderando taxas de armadura $A_s/(A_c + A_s)$ superiores a 6% ou inferiores a 1%. Caso existam forças excêntricas ou momento fletor, $N_{Rd,ref}$ deve considerar a influência do momento fletor, conforme o anexo P da NBR 8800.

5.4.3 Pilares mistos preenchidos com concreto

A Tab. 5.4 indica dimensões mínimas para b_c e d_c para perfis retangulares, d para perfis circulares, e u_s e taxa de armadura $A_s/(A_c + A_s)$ para o dimensionamento de pilares mistos preenchidos com concreto via método tabular. O nível de carga (η_{fi}) dos pilares mistos foi apresentado na seção 5.4.2.

Tab. 5.4 Requisitos para pilares mistos preenchidos com concreto (NBR 14323)

		TRRF (min)				
		30	60	90	120	180
1	Requisitos para o nível de carga $\eta_{fi} \leq 0{,}30$					
1.1	Dimensões mínimas de d_c e b_c ou diâmetro mínimo d (mm)	160	200	220	260	400
1.2	Distância mínima da face interna do perfil de aço ao eixo das barras da armadura u_s (mm)	–	30	40	50	60
1.3	Taxa mínima da armadura $A_s/(A_c + A_s)$ (%)	0	1,5	3,0	6,0	6,0
2	Requisitos para o nível de carga $\eta_{fi} \leq 0{,}50$					
2.1	Dimensões mínimas de d_c e b_c ou diâmetro mínimo d (mm)	260	260	400	450	500
2.2	Distância mínima da face interna do perfil de aço ao eixo das barras da armadura u_s (mm)	–	30	40	50	60
2.3	Taxa mínima da armadura $A_s/(A_c + A_s)$ (%)	0	3,0	6,0	6,0	6,0
3	Requisitos para o nível de carga $\eta_{fi} \leq 0{,}70$					
3.1	Dimensões mínimas de d_c e b_c ou diâmetro mínimo d (mm)	260	450	550	–	–
3.2	Distância mínima da face interna do perfil de aço ao eixo das barras da armadura u_s (mm)	25	30	40	–	–
3.3	Taxa mínima da armadura $A_s/(A_c + A_s)$ (%)	3,0	6,0	6,0	–	–

Fonte: ABNT (2013a).

Adicionalmente:
- a resistência ao escoamento do aço deve ser considerada com no máximo 250 MPa, independentemente das características do aço;
- a espessura *t* da parede do perfil retangular não pode exceder $b_c/25$ ou $d_c/25$, o que for menor, e a do perfil tubular não pode exceder $d/25$;
- as taxas de armadura $A_s/(A_c + A_s)$ superiores a 3% não podem ser consideradas no dimensionamento;
- adotar aço da armadura CA-50 ou equivalente.

5.5 Método simplificado

As vigas mistas, os pilares mistos e as lajes mistas devem ser verificados, respectivamente, conforme os anexos A, B e C da NBR 14323. Esses métodos são apresentados nas seções 5.5.1 a 5.5.3.

5.5.1 Dimensionamento de vigas mistas

O anexo A da NBR 14323 mostra um método simplificado para o dimensionamento de vigas mistas previstas na NBR 8800 e na NBR 14762 (ABNT, 2010b). As vigas mistas de aço e concreto de alma cheia podem ser apoiadas de modo que estejam submetidas a momentos positivos e negativos. As treliças mistas devem ser biapoiadas, de maneira que estejam submetidas somente a momentos positivos.

Aquecimento da seção transversal em elementos internos
Componente de aço

Para vigas mistas com componente de aço em perfil I ou H sem revestimento contra fogo, ou com revestimento tipo contorno, pode-se considerar a distribuição de temperatura não uniforme. O perfil será dividido em três componentes: mesa inferior, alma e mesa superior, como apresentado na Fig. 5.1. Esse método de dimensionamento considera que não existe transferência de calor entre os componentes do perfil, nem entre a mesa superior e a laje de concreto.

– Perfil de aço sem revestimento contra fogo

Para as mesas superior e inferior, o acréscimo de temperatura ($\Delta\theta_{a,t}$) em um intervalo de tempo (Δt) deve ser definido conforme a subseção "Elementos estruturais pertencentes a estruturas internas sem revestimento contra fogo" (p. 89). O fator de sombreamento k_{sh} pode ser tomado como 1,0 ou determinado considerando toda a seção transversal do elemento de aço.

– Perfil de aço com revestimento contra fogo

Se o perfil de aço for envolvido por material de revestimento contra fogo, o acréscimo de temperatura deve ser determinado conforme a subseção "Elementos

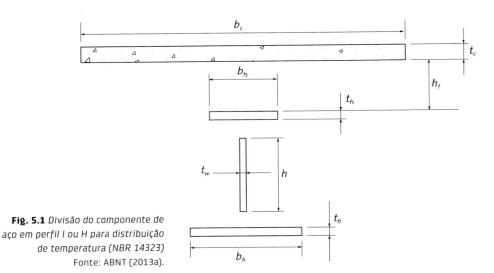

Fig. 5.1 Divisão do componente de aço em perfil I ou H para distribuição de temperatura (NBR 14323)
Fonte: ABNT (2013a).

estruturais pertencentes a estruturas internas com revestimento contra fogo" (p. 91), considerando o fator de massividade u/A_g ou u_m/A_g igual a:

- Para a mesa inferior:

$$2 \cdot (b_{fi} + t_{fi})/(b_{fi} \cdot t_{fi}) \quad (5.2)$$

- Para a mesa superior (sobreposta por laje maciça):

$$(b_{fs} + 2 \cdot t_{fs})/(b_{fs} \cdot t_{fs}) \quad (5.3)$$

- Para a mesa superior (sobreposta por laje com fôrma metálica incorporada):

$$2 \cdot (b_{fs} + t_{fs})/(b_{fs} \cdot t_{fs}) \quad (5.4)$$

- Para a alma:

$$2 \cdot h/t_w \quad (5.5)$$

Caso o perfil seja envolvido por revestimento tipo caixa, pode-se considerar a temperatura uniforme no elemento de aço. A evolução de temperatura pode ser determinada conforme a subseção "Elementos estruturais pertencentes a estruturas internas com revestimento contra fogo" (p. 91).

– Outros tipos de perfil

Para perfis formados a frio e outros perfis não citados nesta seção, é possível considerar a evolução de temperatura de acordo com a seção 4.4.3.

Laje de concreto

Para lajes maciças moldadas in loco, lajes pré-moldadas ou lajes mistas com fôrma de aço incorporada com nervuras reentrantes ou trapezoidais, sujeitas ao incêndio-padrão, a evolução de temperatura pode ser determinada pelo procedimento apresentado a seguir.

A variação de temperatura na altura da laje pode ser obtida na Tab. 5.5, em função do TRRF, em que se considera a laje dividida em 14 fatias. Para concretos de baixa densidade, os valores da tabela devem ser multiplicados por 0,90.

De maneira simplificada, é possível considerar a temperatura uniforme ao longo da altura da laje:

$$\theta_c = \frac{1}{h_{ef}} \cdot \sum_{1}^{n}\left(\theta_{c,j} \cdot e_j\right) \qquad (5.6)$$

em que:

j = número de fatias em que a altura da laje (h) foi dividida;
$\theta_{c,j}$ = temperatura da fatia j;
e_j = espessura da fatia j;
n = número de fatias adotado.

Tab. 5.5 Variação de temperatura na altura das lajes de concreto de densidade normal (NBR 14323)

Fatia (j)	Altura (y) (mm)	TRRF (min) 30	60	90	120	180
1	0 a 5	535	705	–	–	–
2	5 a 10	470	642	738	–	–
3	10 a 15	415	581	681	754	–
4	15 a 20	350	525	627	697	–
5	20 a 25	300	469	571	642	738
6	25 a 30	250	421	519	591	689
7	30 a 35	210	374	473	542	635
8	35 a 40	180	327	428	493	590
9	40 a 45	160	289	387	454	549
10	45 a 50	140	250	345	415	508
11	50 a 55	125	200	294	369	469
12	55 a 60	110	175	271	342	430
13	60 a 80	80	140	220	270	330
14	≥ 80	60	100	160	210	260

[a] A altura efetiva h_{ef} para laje de concreto maciça moldada no local é igual à espessura da laje t_c.
[b] A altura efetiva h_{ef} para laje de concreto maciça moldada no local com pré-laje pré-moldada de concreto é igual à espessura total da laje, incluindo a pré-laje.
[c] A altura efetiva h_{ef} para laje de concreto com fôrma de aço incorporada deve ser obtida em C.2.1.2.2 (Anexo C).
Fonte: ABNT (2013a).

Determinação da capacidade resistente

Momento fletor resistente de cálculo nas regiões de momentos positivos

– Momento fletor resistente de cálculo em situação de incêndio

O momento fletor resistente de cálculo em situação de incêndio ($M_{fi,Rd}$) deve ser obtido conforme a NBR 8800 ou a NBR 14762, considerando:

- a resistência ao escoamento e o módulo de elasticidade dos elementos do perfil de aço (mesa superior, alma e mesa inferior) reduzidos pelos coeficientes $k_{y,\theta}$ e $k_{E,\theta}$ inerentes à temperatura do elemento;
- a resistência característica à compressão do concreto da laje reduzida pelo coeficiente $k_{c,\theta}$ inerente à temperatura da faixa em questão ou inerente à temperatura uniforme considerada;
- os coeficientes de ponderação de resistência $\gamma_{a1} = 1{,}0$ e $\gamma_c = 1{,}0$;
- a força resistente de cálculo dos conectores de cisalhamento deve ser obtida para a situação de incêndio.

– Força resistente de cálculo de um conector de cisalhamento em situação de incêndio

A força resistente de um conector de cisalhamento em situação de incêndio ($Q_{fi,Rd}$) deve ser determinada segundo a NBR 8800, considerando:

- o coeficiente de ponderação de resistência $\gamma_s = 1{,}0$;
- a resistência característica à compressão e o módulo de elasticidade do concreto para a temperatura equivalente a 40% da temperatura da mesa superior do perfil de aço;
- o valor da resistência à ruptura do aço do conector de cisalhamento como $0{,}80 \cdot k_{y,\theta} \cdot f_u$, sendo o coeficiente $k_{y,\theta}$ determinado para a temperatura equivalente a 80% da temperatura da mesa superior do perfil de aço.

Momento fletor resistente de cálculo nas regiões de momentos negativos

Nas regiões das vigas sujeitas a momentos negativos, a laje de concreto se encontra tracionada, portanto sua influência na capacidade resistente do perfil deve ser desconsiderada. Desse modo, os momentos fletores resistentes de cálculo em situação de incêndio nesses trechos devem ser obtidos de acordo com a subseção "Barras submetidas ao momento fletor" (p. 98), considerando a distribuição de temperatura obtida para a viga mista. Ressalta-se que a armadura longitudinal presente na largura efetiva da laje também deve ser desconsiderada.

Força cortante resistente de cálculo

Para a força cortante resistente de cálculo de vigas mistas em situação de incêndio, deve-se adotar a formulação apresentada na subseção "Barras submetidas ao cisalhamento" (p. 101), considerando os fatores de redução inerentes à temperatura da alma do perfil de aço, determinada na subseção "Componente de aço" (p. 121).

Treliças mistas

A elevação de temperatura dos elementos de aço da treliça mista deve ser definida como mostrado na seção 4.4.3. Por sua vez, as diagonais e os montantes de treliças mistas devem ser dimensionados conforme indicado na seção 4.4.4.

5.5.2 Dimensionamento de pilares mistos

Procedimento geral

A força axial de compressão resistente de cálculo de pilares mistos em situação de incêndio pode ser determinada por:

$$N_{fi,Rd} = X_{fi} \cdot N_{fi,pl,Rd} \qquad (5.7)$$

em que X_{fi} é o fator de redução associado à curva de dimensionamento à compressão:

$$X_{fi} = \frac{1}{\varphi_{0,fi} + \sqrt{\varphi_{0,fi}^2 - \lambda_{0,fi}^2}} \qquad (5.8)$$

sendo

$$\varphi_{0,fi} = 0{,}5 \cdot \left[1 + \alpha \cdot \left(\lambda_{0,fi} - 0{,}2\right) + \lambda_{0,fi}^2\right] \qquad (5.9)$$

e considerando $\alpha = 0{,}49$.

A força axial de plastificação de cálculo em situação de incêndio é obtida por:

$$N_{fi,pl,Rd} = \sum_{j}\left(A_a \cdot f_{y,\theta}\right) + \sum_{k}\left(A_s \cdot f_{ys,\theta}\right) + \sum_{m}\left(A_c \cdot f_{ck,\theta}\right) \qquad (5.10)$$

em que:

$\sum_{j}\left(A_a \cdot f_{y,\theta}\right)$ = somatório dos produtos da área pela resistência ao escoamento dos elementos do perfil de aço em situação de incêndio;

$\sum_{k}\left(A_s \cdot f_{ys,\theta}\right)$ = somatório dos produtos da área pela resistência ao escoamento das barras da armadura em situação de incêndio;

$\sum_{m}\left(A_c \cdot f_{ck,\theta}\right)$ = somatório dos produtos da área pela resistência característica à compressão do concreto.

Os coeficientes de redução dos elementos do perfil de aço são apresentados na subseção "Resistência ao escoamento e módulo de elasticidade" (p. 81), ao passo que os coeficientes de redução do concreto e dos vergalhões de aço são indicados nas subseções "Resistência à compressão do concreto em altas temperaturas" (p. 41) e "Resistência do aço em altas temperaturas" (p. 47), respectivamente.

O índice de esbeltez reduzido ($\lambda_{0,fi}$) é dado por:

$$\lambda_{0,fi} = \sqrt{\frac{N_{fi,pl,Rd}}{N_{fi,e}}} \tag{5.11}$$

em que $N_{fi,e}$ é a força de flambagem elástica em situação de incêndio, determinada por:

$$N_{fi,e} = \frac{\pi^2 \cdot (EI)_{fi,ef}}{L_{e,fi}^2} \tag{5.12}$$

A rigidez efetiva do pilar misto à flexão ($(EI)_{fi,ef}$) é dada por:

$$(EI)_{fi,ef} = \sum_j \left(\varphi_{a,\theta} \cdot E_{a,\theta} \cdot I_a\right) + \sum_k \left(\varphi_{s,\theta} \cdot E_{s,\theta} \cdot I_s\right) + \sum_m \left(\varphi_{c,\theta} \cdot E_{c1,\theta} \cdot I_c\right) \tag{5.13}$$

sendo $E_{a,\theta}$, $E_{s,\theta}$ e $E_{c1,\theta}$ os módulos de elasticidade de cada parte da seção transversal em situação de incêndio. Para a parte de concreto, $E_{c1,\theta}$ pode ser obtido por:

$$E_{c1,\theta} = \frac{f_{ck,\theta}}{\varepsilon_{c1,\theta}} \tag{5.14}$$

Os parâmetros I_a, I_s e I_c são os momentos de inércia de cada parte da seção transversal em torno dos eixos principais de inércia.

Os coeficientes de redução $\varphi_{f,\theta}$, $\varphi_{w,\theta}$, $\varphi_{c,\theta}$ e $\varphi_{s,\theta}$ são aplicáveis à mesa do perfil, à alma do perfil, ao concreto e à armadura, respectivamente, e dependem das tensões térmicas atuantes nos pilares mistos. Para pilares mistos total ou parcialmente revestidos com concreto, esses coeficientes podem ser obtidos na Tab. 5.6. Para pilares mistos preenchidos com concreto, deve-se considerar todos os coeficientes como 0,80.

Tab. 5.6 Coeficientes para pilares mistos revestidos com concreto expostos ao incêndio-padrão (NBR 14323)

TRRF (min)	Mesa do perfil ($\varphi_{f,\theta}$)	Alma do perfil ($\varphi_{w,\theta}$)	Concreto ($\varphi_{c,\theta}$)	Armadura ($\varphi_{s,\theta}$)
30	1,0	1,0	0,8	1,0
60	0,9	1,0	0,8	0,9
90	0,8	1,0	0,8	0,8
120	1,0	1,0	0,8	1,0

Fonte: ABNT (2013a, tabela B.5).

Procedimento específico para pilares mistos parcialmente revestidos com concreto

O procedimento específico para o dimensionamento de pilares mistos parcialmente revestidos com concreto apresentado nesta seção aplica-se para pilares

expostos ao incêndio-padrão e pertencentes a estruturas de pequena ou média deslocabilidade, com instabilidade e flexão em relação ao eixo de menor inércia do perfil de aço, com as seguintes condições (Fig. 5.2):
- Altura da seção transversal (d_c) variando de 230 mm a 1.100 mm. Para TRRF igual ou superior a 90 min, deve-se adotar d_c maior ou igual a 300 mm.
- Largura da seção transversal (b_c) variando de 230 mm a 500 mm. Para TRRF igual ou superior a 90 min, deve-se adotar b_c maior ou igual a 300 mm.
- Taxa de armadura $A_s/(A_s + A_c)$ variando entre 1% e 6%.
- Comprimento de flambagem em situação de incêndio ($L_{ef,fi}$) deve ser igual ou inferior a $10 \cdot b_c$ se o TRRF for inferior a 90 min, com 230 mm $\leq b_c \leq$ 300 mm ou $d_c/b_c > 3$, ou se o TRRF for igual ou superior a 90 min, com $d_c/b_c > 3$.
- Comprimento de flambagem em situação de incêndio ($L_{ef,fi}$) deve ser igual ou inferior a $13,5 \cdot b_c$ para outras condições.

Para a determinação da força axial de plastificação de cálculo ($N_{fi,pl,Rd}$) e da rigidez efetiva ($(EI)_{fi,ef}$), a seção transversal do pilar misto será dividida em componentes que serão avaliados com base em suas propriedades mecânicas:
- mesas do perfil de aço;

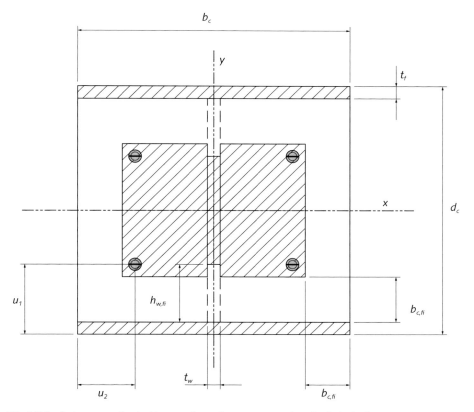

Fig. 5.2 *Seção transversal reduzida para dimensionamento em situação de incêndio*

- alma do perfil de aço;
- concreto entre as mesas e a alma do perfil de aço;
- armadura longitudinal.

Mesas do perfil de aço

A temperatura nas mesas do perfil de aço ($\theta_{f,t}$) é dada por:

$$\theta_{f,t} = \theta_{o,t} + k_t \cdot (u/A)_p \qquad (5.15)$$

em que:

t = TRRF, em min;

$\theta_{o,t}$ e k_t = temperatura de referência e coeficiente utilizado na determinação da temperatura das mesas do perfil, respectivamente, ambos apresentados na Tab. 5.7;

$(u/A)_p$ = fator de massividade da seção mista, expresso em m^{-1} e obtido por:

$$(u/A)_p = 2 \cdot (d_c + b_c)/(d_c \cdot b_c) \qquad (5.16)$$

Tab. 5.7 Parâmetros para a determinação da temperatura nas mesas do perfil (NBR 14323)

TRRF (min)	$\theta_{o,t}$ (°C)	k_t (m · °C)
30	550	9,65
60	680	9,55
90	805	6,15
120	900	4,65

Fonte: ABNT (2013a, tabela B.6).

Deve-se calcular os coeficientes de redução para a temperatura $\theta_{f,t}$:

$$f_{y,\theta,f} = f_y \cdot k_{y,\theta} \qquad (5.17)$$

$$E_{\theta,f} = E \cdot k_{E,\theta} \qquad (5.18)$$

A força axial de plastificação de cálculo das duas mesas do perfil de aço em situação de incêndio ($N_{fi,pl,Rd,f}$) é obtida por:

$$N_{fi,pl,Rd,f} = 2 \cdot b_c \cdot t_f \cdot f_{y,\theta,f} \qquad (5.19)$$

A rigidez efetiva das duas mesas do perfil de aço em situação de incêndio ((EI)$_{fi,ef,f}$) é dada por:

$$(EI)_{fi,ef,f} = \frac{E_{\theta,f} \cdot t_f \cdot b_c^3}{6} \qquad (5.20)$$

Alma do perfil de aço

Duas partes da alma do perfil de aço (Fig. 5.2), de altura $h_{w,fi}$ e adjacentes à mesa do perfil, devem ser desconsideradas. A altura $h_{w,fi}$ é calculada por:

$$h_{w,fi} = 0,5 \cdot (d_c - 2t_f) \cdot \left(1 - \sqrt{1 - 0,16 \cdot \left(\frac{H_t}{d_c}\right)}\right) \qquad (5.21)$$

Os valores de H_t são fornecidos na Tab. 5.8.

A resistência ao escoamento da alma do perfil de aço em situação de incêndio ($f_{y,\theta,w}$) é obtida por:

$$f_{y,\theta,w} = f_y \cdot \sqrt{1 - 0,16 \cdot \left(\frac{H_t}{d_c}\right)} \quad (5.22)$$

A força axial de plastificação de cálculo da alma do perfil de aço em situação de incêndio ($N_{fi,pl,Rd,w}$) é dada por:

$$N_{fi,pl,Rd,w} = t_w \cdot \left(d_c - 2 \cdot t_f - 2 \cdot h_{w,fi}\right) \cdot f_{y,\theta,w} \quad (5.23)$$

Tab. 5.8 Valores de H_t para a determinação de $h_{w,fi}$ (NBR 14323)

TRRF (min)	H_t (mm)
30	350
60	770
90	1.100
120	1.250

Fonte: ABNT (2013a, tabela B.7).

A rigidez efetiva da alma do perfil de aço em situação de incêndio $((EI)_{fi,ef,w})$ é determinada por:

$$(EI)_{fi,ef,w} = \frac{E \cdot \left(d_c - 2 \cdot t_f - 2 \cdot h_{w,fi}\right) \cdot t_w^3}{12} \quad (5.24)$$

Concreto entre as mesas e a alma do perfil de aço

Uma camada de concreto com espessura $b_{c,fi}$ será desprezada no cálculo (Fig. 5.2). O valor de $b_{c,fi}$ pode ser obtido na Tab. 5.9, considerando $(u/A)_p$ o fator de massividade da seção mista:

$$(u/A)_p = 2 \cdot (d_c + b_c)/(d_c \cdot b_c) \quad (5.25)$$

A temperatura média na seção de concreto ($\theta_{c,t}$) depende do fator de massividade da seção mista e do TRRF, conforme apresentado na Tab. 5.10.

Tab. 5.9 Espessura $b_{c,fi}$ da camada externa do concreto a ser desprezada (NBR 14323)

TRRF (min)	$b_{c,fi}$ (mm)
30	4,0
60	15,0
90	$0,5(u/A)_p + 22,5$
120	$2(u/A)_p + 24$

Fonte: ABNT (2013a, tabela B.8).

Tab. 5.10 Temperatura média do concreto $\theta_{c,t}$ (NBR 14323)

TRRF (min)							
30		60		90		120	
$(u/A)_p$ (m⁻¹)	$\theta_{c,t}$ (°C)	$(u/A)_p$ (m⁻¹)	$\theta_{c,t}$ (°C)	$(u/A)_p$ (m⁻¹)	$\theta_{c,t}$ (°C)	$(u/A)_p$ (m⁻¹)	$\theta_{c,t}$ (°C)
4	136	4	214	4	256	4	265
23	300	9	300	6	300	5	300
46	400	21	400	13	400	9	400
–	–	50	600	33	600	23	600
–	–	–	–	54	800	38	800
–	–	–	–	–	–	41	900
–	–	–	–	–	–	43	1.000

Fonte: ABNT (2013a, tabela B.9).

Em seguida, deve-se considerar os coeficientes de redução para a temperatura $\theta_{c,t}$:

$$f_{ck,\theta} = f_{ck} \cdot k_{c,\theta} \tag{5.26}$$

$$E_{c1,\theta} = \frac{f_{ck,\theta}}{\varepsilon_{c1,\theta}} \tag{5.27}$$

A força axial de plastificação de cálculo da seção de concreto em situação de incêndio ($N_{fi,pl,Rd,c}$) é dada por:

$$N_{fi,pl,Rd,c} = 0{,}86 \cdot \left[\left(d_c - 2 \cdot t_f - 2 \cdot b_{c,fi} \right) \cdot \left(b_c - t_w - 2 \cdot b_{c,fi} \right) - A_s \right] \cdot f_{ck,\theta} \tag{5.28}$$

A rigidez efetiva da seção de concreto em situação de incêndio ((EI)$_{fi,ef,c}$) é obtida por:

$$(EI)_{fi,ef,c} = E_{c1,\theta} \cdot \left\{ \left[\left(d_c - 2 \cdot t_f - 2 \cdot b_{c,fi} \right) \cdot \frac{\left(b_c - 2 \cdot b_{c,fi} \right)^3 - t_w^{\,3}}{12} \right] - I_s \right\} \tag{5.29}$$

Armadura longitudinal

Os coeficientes $k_{ys,\theta}$ e $k_{Es,\theta}$, para a resistência ao escoamento e o módulo de elasticidade das barras longitudinais dos pilares mistos parcialmente revestidos com concreto, dependem do TRRF e da distância dos eixos das barras à face externa do concreto (u_{sm}). Os coeficientes $k_{ys,\theta}$ e $k_{Es,\theta}$ podem ser obtidos nas Tabs. 5.11 e 5.12, respectivamente.

Tab. 5.11 Fator de redução para a resistência ao escoamento das barras da armadura (NBR 14323)

TRRF (min)	u_{sm} (mm)				
	40	45	50	55	60
30	1	1	1	1	1
60	0,789	0,883	0,976	1	1
90	0,314	0,434	0,572	0,696	0,822
120	0,170	0,223	0,288	0,367	0,436

Fonte: ABNT (2013a, tabela B.10).

Tab. 5.12 Fator de redução para o módulo de elasticidade das barras da armadura (NBR 14323)

TRRF (min)	u_{sm} (mm)				
	40	45	50	55	60
30	0,830	0,865	0,888	0,914	0,935
60	0,604	0,647	0,689	0,729	0,763
90	0,193	0,283	0,406	0,522	0,619
120	0,110	0,128	0,173	0,233	0,285

Fonte: ABNT (2013a, tabela B.11).

A medida u_{sm} depende das distâncias u_1 e u_2 (Fig. 5.2), sendo u_1 a distância do eixo da barra da armadura à face interna da mesa do perfil metálico e u_2 a distância do eixo da barra da armadura à superfície externa do concreto, expressas em mm. O valor de u_{sm} pode ser obtido por:

- Se o módulo de ($u_1 - u_2$) for igual ou inferior a 10 mm:

$$u_{sm} = \sqrt{u_1 \cdot u_2} \tag{5.30}$$

- Se o módulo de $(u_1 - u_2)$ for superior a 10 mm:

$$u_{sm} = \sqrt{u_2 \cdot (u_2 + 10)} \tag{5.31}$$

- Se o módulo de $(u_2 - u_1)$ for superior a 10 mm:

$$u_{sm} = \sqrt{u_1 \cdot (u_1 + 10)} \tag{5.32}$$

A força axial de plastificação de cálculo das barras da armadura em situação de incêndio ($N_{fi,pl,Rd,s}$) é dada por:

$$N_{fi,pl,Rd,s} = A_s \cdot k_{ys,\theta} \cdot f_{ys} \tag{5.33}$$

A rigidez efetiva das barras da armadura em situação de incêndio $((EI)_{fi,ef,s})$ é calculada por:

$$(EI)_{fi,ef,s} = k_{Es,\theta} \cdot E_s \cdot I_s \tag{5.34}$$

Força axial de compressão resistente de cálculo

A força axial de compressão resistente de cálculo de um pilar misto parcialmente revestido com concreto ($N_{fi,Rd}$) deve ser determinada por:

$$N_{fi,Rd} = X_{fi} \cdot N_{fi,pl,Rd} \tag{5.35}$$

Tomando $N_{fi,pl,Rd}$ como a somatória da força de plastificação de cada componente do pilar (mesas e alma do perfil de aço, concreto e armação do concreto):

$$N_{fi,pl,Rd} = N_{fi,pl,Rd,f} + N_{fi,pl,Rd,w} + N_{fi,pl,Rd,c} + N_{fi,pl,Rd,s} \tag{5.36}$$

O índice de esbeltez reduzido do pilar misto em situação de incêndio ($\lambda_{0,fi}$) deve ser calculado por:

$$\lambda_{0,fi} = \sqrt{\frac{N_{fi,pl,Rd}}{N_{fi,e}}} \tag{5.37}$$

sendo $N_{fi,e}$ a carga de flambagem elástica do pilar em situação de incêndio, dada por:

$$N_{fi,e} = \frac{\pi^2 \cdot (EI)_{fi,ef}}{L_{e,fi}^2} \tag{5.38}$$

em que:

$L_{e,fi}$ = comprimento de flambagem do pilar em situação de incêndio, conforme apresentado na Fig. 4.9;

$(EI)_{fi,ef}$ = rigidez efetiva da seção transversal do pilar em situação de incêndio, expressa por:

$$(EI)_{fi,ef} = \varphi_{f,\theta} \cdot (EI)_{fi,ef,f} + \varphi_{w,\theta} \cdot (EI)_{fi,ef,w} + \varphi_{c,\theta} \cdot (EI)_{fi,ef,c} + \varphi_{s,\theta} \cdot (EI)_{fi,ef,s} \quad (5.39)$$

Os coeficientes de redução $\varphi_{f,\theta}$, $\varphi_{w,\theta}$, $\varphi_{c,\theta}$ e $\varphi_{s,\theta}$ podem ser obtidos na Tab. 5.6.

Força excêntrica

Caso a força axial aplicada ao pilar possua excentricidade, a força axial de compressão resistente de cálculo do pilar misto ($N_{fi,Rd,\mu}$) é determinada por:

$$N_{fi,Rd,\mu} = N_{fi,Rd} \cdot \left(\frac{N_{Rd,\mu}}{N_{Rd}}\right) \quad (5.40)$$

em que:

$N_{fi,Rd}$ = força axial de compressão resistente do pilar em situação de incêndio sem excentricidade;

N_{Rd} e $N_{Rd,\mu}$ = força axial de compressão resistente do pilar em temperatura ambiente sem e com excentricidade, respectivamente.

A excentricidade de aplicação de carga deve estar limitada à seção transversal do pilar misto.

Dispensa da verificação de pilares preenchidos com concreto

A verificação estrutural de pilares mistos preenchidos com concreto pode ser dispensada se a temperatura do aço não superar 350 °C. Nesse caso, pode-se assumir que o pilar possui capacidade resistente em situação de incêndio.

5.5.3 Dimensionamento de lajes mistas

O anexo C da NBR 14323 apresenta um método simplificado para o dimensionamento de lajes mistas previstas na NBR 8800. As lajes mistas de concreto com fôrma incorporada de aço podem ser apoiadas de modo que estejam submetidas a momentos positivos e negativos.

A presença da fôrma de aço é suficiente para garantir o critério de estanqueidade. Caso a laje de concreto com fôrma incorporada de aço atenda ao critério de isolamento da Tab. 5.13, seu tempo de resistência ao fogo pode ser considerado de no mínimo 30 min.

Tab. 5.13 Espessura efetiva mínima da laje em função do TRRF (NBR 14323)

TRRF (min)	Espessura efetiva mínima $h_{ef,min}$ (mm)
30	60
60	80
90	100
120	120
180	150

Fonte: ABNT (2013a).

Lajes sem revestimento contra fogo na face inferior

Esta seção apresenta prescrições para o dimensionamento de lajes de concreto com fôrma incorporada de aço simplesmente apoiadas ou contínuas, sem material de revestimento contra fogo.

Isolamento térmico

O critério de isolamento térmico da laje é garantido caso a laje possua espessura efetiva igual ou superior à espessura efetiva mínima da Tab. 5.13, em função do TRRF.

Se for usado concreto de baixa densidade, os valores da tabela podem ser multiplicados por um fator de correção igual a 0,90. O critério de isolamento também pode ser verificado conforme o item D.1 do Eurocode 4, parte 1.2 (EN 1994-1-2 – CEN, 2005b).

A espessura efetiva (h_{ef}) da laje é calculada por:

$$h_{ef} = h_1 + \frac{h_2}{2} \cdot \left(\frac{l_1+l_2}{l_1+l_3}\right) \quad \text{para } \frac{h_2}{h_1} \leq 1{,}5 \text{ e } h_1 > 40 \text{ mm} \quad (5.41)$$

$$h_{ef} = h_1 \cdot \left(1 + 0{,}75 \cdot \frac{l_1+l_2}{l_1+l_3}\right) \quad \text{para } \frac{h_2}{h_1} > 1{,}5 \text{ e } h_1 > 40 \text{ mm}$$

$$h_{ef} = h_1 \quad \text{se } l_3 > 2l_1$$

As dimensões h_1, h_2, l_1, l_2 e l_3 são definidas na Fig. 5.3.

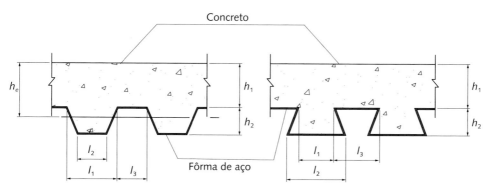

Fig. 5.3 *Dimensões da seção transversal da laje (NBR 14323)*
Fonte: ABNT (2013a).

Caso a laje seja revestida na face superior por material incombustível, para o critério de isolamento térmico, sua espessura efetiva mínima pode ser reduzida de uma espessura equivalente em concreto do material de revestimento. Para tanto, é necessária uma comprovação via análise térmica ou via ensaios. Entretanto, pode-se considerar de maneira simplificada que:

- revestimentos aderentes de argamassa de cal e areia possuem 67% da eficiência relativa ao concreto de densidade normal;
- revestimentos aderentes de cimento e areia possuem 100% da eficiência relativa ao concreto de densidade normal.

Tal revestimento deve possuir aderência à tração de acordo com a NBR 13528 (ABNT, 2010a).

Modos de falha

A capacidade resistente de lajes de concreto com fôrma incorporada em condição de incêndio pode ser determinada por análise plástica global. Os modos de colapso das lajes dependem da existência ou não de armaduras positivas e negativas em seu interior e são apresentados na Tab. 5.14. Os momentos fletores positivo e negativo resistentes de cálculo ($M^+_{fi,Rd}$ e $M^-_{fi,Rd}$) devem ser determinados conforme apresentado a seguir.

Tab. 5.14 Modos de colapso e condições a serem atendidas para lajes mistas (NBR 14323)

Sistema estático e modo de colapso[a]	Condição necessária
Laje sem armadura negativa (colapso por rótula plástica sob momento positivo na seção central)	$M^+_{fi,Rd} \geq q_{fi,d} \cdot \dfrac{L^2}{8}$ ou $q_{fi,d} \leq 8 \cdot \dfrac{M^+_{fi,Rd}}{L^2}$
Laje com armadura negativa apenas em um apoio e armadura positiva	$M^+_{fi,Rd} + 0,45 \cdot M^-_{fi,Rd} \geq q_{fi,d} \cdot \dfrac{L^2}{8}$ ou $q_{fi,d} \leq \dfrac{\left(8 \cdot M^+_{fi,Rd} + 3,6 \cdot M^-_{fi,Rd}\right)}{L^2}$
Laje com armaduras negativas nos dois apoios e armadura positiva	$M^+_{fi,Rd} + M^-_{fi,Rd} \geq q_{fi,d} \cdot \dfrac{L^2}{8}$ ou $q_{fi,d} \leq \dfrac{8\left(M^+_{fi,Rd} + M^-_{fi,Rd}\right)}{L^2}$
Laje com armaduras negativas nos dois apoios e sem armadura positiva	$M^-_{fi,Rd} \geq q_{fi,d} \cdot \dfrac{L^2}{8}$ ou $q_{fi,d} \leq 8 \cdot \dfrac{M^-_{fi,Rd}}{L^2}$

[a] O símbolo "O" indica rótula plástica.
Fonte: ABNT (2013a).

Determinação do momento fletor positivo resistente de cálculo

O momento fletor positivo resistente de cálculo para lajes mistas, tomado como o momento de plastificação da laje, deve ser calculado com base na distribuição de tensões na laje totalmente plastificada para uma largura de influência predeterminada.

Para a definição do momento de plastificação, deve-se considerar as forças de tração na armadura positiva e nos componentes da fôrma de aço (mesa inferior, alma e mesa superior), assim como a força de compressão no concreto. A resistência da armadura negativa e do concreto tracionado é desprezada.

A distribuição de temperatura ao longo da altura da laje pode ser obtida na Tab. 5.5, enquanto a resistência do concreto deve ser tomada conforme a NBR 15200 (ver Cap. 3). A força de tração fornecida pela armadura positiva é dada pelo produto da área de armadura pela resistência ao escoamento do aço na temperatura θ_s. O coeficiente de redução da resistência ao escoamento do aço da armadura deve ser calculado com base na NBR 15200 (ver Cap. 3). A temperatura θ_s pode ser obtida por:

$$\theta_s = c_0 + c_1 \left(\frac{u_{f3}}{h_2}\right) + c_2 \cdot z + c_3 \cdot \frac{A}{L_r} + c_4 \cdot a + c_5 \cdot \frac{1}{l_3} \qquad (5.42)$$

sendo z um coeficiente que indica a posição da armadura, dado por:

$$\frac{1}{z} = \frac{1}{\sqrt{u_{f1}}} + \frac{1}{\sqrt{u_{f2}}} + \frac{1}{\sqrt{u_{f3}}} \qquad (5.43)$$

sendo u_{f1}, u_{f2} e u_{f3} as menores distâncias entre o eixo da armadura positiva e a fôrma de aço, como apresentado na Fig. 5.4.

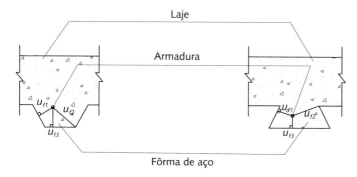

Fig. 5.4 *Posição geométrica da armadura (NBR 14323)*
Fonte: ABNT (2013a).

A relação A/L_r é a razão entre a área da seção transversal do concreto dentro da nervura e a superfície nervurada, determinada por:

$$\frac{A}{L_r} = \frac{h_2 \cdot \left(\frac{l_1 + l_2}{2}\right)}{l_2 + 2 \cdot \sqrt{h_2^2 + \left(\frac{l_1 - l_2}{2}\right)^2}} \qquad (5.44)$$

O coeficiente a é o ângulo entre a alma da fôrma e o eixo horizontal, expresso em graus e dado por:

$$a = \arctan\left(\frac{2 \cdot h_2}{l_1 - l_2}\right) \qquad (5.45)$$

Os coeficientes c_0 a c_5 dependem do TRRF e podem ser obtidos na Tab. 5.15. As unidades desses coeficientes são indicadas na mesma tabela.

Tab. 5.15 Coeficientes c_0 a c_5 para a determinação da temperatura na armadura (NBR 14323)

Tipo de concreto	TRRF (min)	c_0 (°C)	c_1 (°C)	c_2 (°C · mm^{0,5})	c_3 (°C/ mm)	c_4 (°C/°)	c_5 (°C · mm)
Densidade normal	60	1.191	−250	−240	−5,01	1,04	−925
	90	1.342	−256	−235	−5,30	1,39	−1.267
	120	1.387	−238	−227	−4,79	1,68	−1.326
Baixa densidade	30	809	−135	−243	−0,70	0,48	−315
	60	1.336	−242	−292	−6,11	1,63	−900
	90	1.381	−240	−269	−5,46	2,24	−918
	120	1.397	−230	−253	−4,44	2,47	−906

Fonte: ABNT (2013a).

A força proporcionada pela fôrma metálica pode ser considerada ou desprezada durante o cálculo do momento de plastificação da laje. Essa força pode ser calculada considerando a resistência ao escoamento do aço para a temperatura θ_i.

$$\theta_i = b_0 + b_1 \cdot \frac{1}{l_3} + b_2 \cdot \frac{A}{L_r} + b_3 \cdot \varnothing + b_4 \cdot \varnothing^2 \qquad (5.46)$$

sendo $\varnothing$ o fator de configuração (ou fator de vista da mesa superior da fôrma), definido por:

$$\varnothing = \frac{\sqrt{h_2^2 + \left(l_3 + \frac{l_1 - l_2}{2}\right)^2} - \sqrt{h_2^2 + \left(\frac{l_1 - l_2}{2}\right)^2}}{l_3} \qquad (5.47)$$

Os coeficientes b_0 a b_4 dependem do TRRF e do tipo de concreto e podem ser obtidos na Tab. 5.16. As unidades desses coeficientes são informadas na mesma tabela.

Determinação do momento fletor negativo resistente de cálculo

O momento fletor negativo resistente de cálculo para lajes mistas, tomado como o momento de plastificação da laje, deve ser calculado com base na distribuição de tensões na laje totalmente plastificada para uma largura de influência predeterminada.

Tab. 5.16 Coeficientes b_0 a b_4 para a determinação da temperatura nas partes da fôrma de aço (NBR 14323)

Tipo de concreto	TRRF (min)	Partes da fôrma de aço	b_0 (°C)	b_1 (°C · mm)	b_2 (°C/ mm)	b_3 (°C)	b_4 (°C)
Densidade normal	60	Mesa inferior	951	−1.197	−2,32	86,4	−150,7
		Alma	661	−833	−2,96	537,7	−351,9
		Mesa superior	340	−3.269	−2,62	1.148,4	−679,8
	90	Mesa inferior	1.018	−839	−1,55	65,1	−108,1
		Alma	816	−959	−2,21	464,9	−340,2
		Mesa superior	618	−2.786	−1,79	767,9	−472,0
	120	Mesa inferior	1.063	−679	−1,13	46,7	−82,8
		Alma	925	−949	−1,82	344,2	−267,4
		Mesa superior	770	−2.460	−1,67	592,6	−379,0
Baixa densidade	30	Mesa inferior	800	−1.326	−2,65	114,5	−181,2
		Alma	483	−286	−2,26	439,6	−244,0
		Mesa superior	331	−2.284	−1,54	488,8	−131,7
	60	Mesa inferior	955	−622	−1,32	47,7	−81,1
		Alma	761	−558	−1,67	426,5	−303,0
		Mesa superior	607	−2.261	−1,02	664,5	−410,0
	90	Mesa inferior	1.019	−478	−0,91	32,7	−60,8
		Alma	906	−654	−1,36	287,8	−230,3
		Mesa superior	789	−1.847	−0,99	469,5	−313,0
	120	Mesa inferior	1.062	−399	−0,65	19,8	−43,7
		Alma	989	−629	−1,07	186,1	−152,6
		Mesa superior	903	−1.561	−0,92	305,2	−197,2

Fonte: ABNT (2013a).

O binário gerado entre as forças de tração na armadura positiva e a compressão no concreto são considerados para a definição do momento de plastificação, sendo que a fôrma de aço e a armadura positiva são desconsideradas nesse caso. A força de tração resistente da armadura negativa em temperatura ambiente é obtida por:

$$N_s = A_s \cdot f_{ys} \qquad (5.48)$$

em que:
A_s = área da armadura negativa;
f_{ys} = resistência ao escoamento do aço das barras da armadura à temperatura ambiente.

O momento fletor resistente de cálculo pode ser determinado levando em conta a seção transversal reduzida, desprezando a parte da seção com temperatura superior à temperatura-limite e considerando a resistência da parte restante igual à resistência à temperatura ambiente. A temperatura-limite é calculada por:

$$\theta_{lim} = d_o + d_1 \cdot N_s + d_2 \cdot \frac{A}{L_r} + d_3 \cdot \varnothing + d_4 \cdot \frac{1}{l_3} \tag{5.49}$$

Os coeficientes d_0 a d_4 dependem do TRRF e do tipo de concreto e podem ser obtidos na Tab. 5.17.

Tab. 5.17 Coeficientes d_0 a d_4 para a determinação da temperatura-limite (NBR 14323)

Tipo de concreto	TRRF (min)	d_0 (°C)	d_1 (°C/N)	d_2 (°C/mm)	d_3 (°C)	d_4 (°C · mm)
	60	867	−0,00019	−8,75	−123	−1.378
Densidade normal	90	1.055	−0,00022	−9,91	−154	−1.990
	120	1.144	−0,00022	−9,71	−166	−2.155
	30	524	−0,00016	−3,43	−80	−392
Baixa densidade	60	1.030	−0,00026	−10,95	−181	−1.834
	90	1.159	−0,00025	−10,88	−208	−2.233
	120	1.213	−0,00025	−10,09	−214	−2.320

Fonte: ABNT (2013a).

A isoterma da temperatura-limite pode ser determinada com base em quatro pontos característicos, conforme apresentado na Fig. 5.5. A locação desses pontos é definida por:

$$x_1 = 0; \; y_1 = \frac{1}{\left(\frac{1}{z_o} - \frac{4}{\sqrt{l_1 + l_3}}\right)^2} \tag{5.50}$$

$$x_2 = \frac{l_2}{2} + y_1 \left(\frac{\cos\alpha - 1}{\sen\alpha}\right); \; y_2 = y_1 \tag{5.51}$$

$$x_3 = \frac{l_1}{2} - \frac{b}{\sen\alpha}; \; y_3 = h_2 \tag{5.52}$$

$$x_4 = \frac{l_1}{2} + \frac{l_3}{2}; \; y_4 = h_2 + b \tag{5.53}$$

sendo

$$b = \frac{l_1}{2} \cdot \sen\alpha \left(1 - \frac{\sqrt{a + 4 \cdot a + c}}{a}\right) \tag{5.54}$$

$$a = l_1 \cdot \sen\alpha \left(\frac{1}{z_o} - \frac{1}{\sqrt{h_2}}\right)^2 \tag{5.55}$$

$$c = \begin{cases} -8(1 + \sqrt{1+a}), \text{ se } a \geq 8 \\ 8(1 + \sqrt{1+a}), \text{ se } a < 8 \end{cases} \tag{5.56}$$

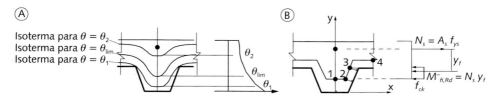

Fig. 5.5 *Temperatura na seção transversal da laje: (A) distribuição da temperatura e (B) esquema para isoterma específica $\theta = \theta_{lim}$ (NBR 14323)*
Fonte: ABNT (2013a).

O parâmetro z_0 pode ser obtido por meio da Eq. 5.42, considerando $\theta_s = \theta_{lim}$ e $u_{f3}/h_2 = 0{,}75$.

Caso a dimensão y_1 seja igual ou superior a h_2, o concreto das nervuras deve ser desconsiderado. A laje será calculada levando em conta apenas a espessura uniforme igual à espessura de concreto acima da fôrma de aço.

Lajes com revestimento contra fogo na face inferior

Pode-se colocar material de revestimento contra fogo na face inferior da fôrma de aço ou forros suspensos que proporcionem revestimento térmico com o objetivo de aumentar a resistência de lajes mistas em situação de incêndio.

Nesses casos, para garantir o isolamento térmico, é possível adotar uma espessura efetiva mínima inferior àquela apresentada na Tab. 5.13 com base em análise térmica realizada conforme indicado na seção 4.5.1 ou com base em ensaios experimentais.

Caso o isolamento térmico utilizado garanta que a temperatura na fôrma de aço não ultrapasse 350 °C, o critério de resistência ao carregamento está automaticamente atendido.

5.6 Detalhes construtivos para elementos mistos

5.6.1 Considerações gerais

Para garantir o nível exigido de união entre o aço e o concreto, as disposições construtivas apresentadas nesta seção devem ser atendidas. Caso não o sejam, os componentes de aço e concreto devem ser dimensionados separadamente.

Lascamento (spalling)

As superfícies de concreto com exposição direta ao fogo estão sujeitas ao lascamento (*spalling*). Para evitar tal fenômeno, o cobrimento da armadura ou do perfil de aço deve situar-se entre 20 mm e 50 mm. Caso o cobrimento exceder 50 mm, deve-se adotar uma malha de aço com ø 4,0 mm (ou superior) a cada 250 mm em ambas as direções, em torno de toda a seção, e com cobrimento variando entre 20 mm e 40 mm.

O concreto pode ser utilizado sem função estrutural, com o objetivo de isolamento térmico do perfil de aço. Nesses casos, deve-se adotar a malha de aço anteriormente citada.

5.6.2 Disposições construtivas para pilares mistos

Para pilares mistos parcialmente revestidos com concreto e pilares mistos preenchidos com concreto, os conectores de cisalhamento não podem ser ligados a regiões do perfil de aço sem revestimento contra fogo. Entretanto, pode-se usar consoles para apoio de vigas com conectores de cisalhamento internos, envolvidos por concreto (ver Figs. 5.9 e 5.10A).

Pilares mistos parcialmente revestidos com concreto

Os pilares parcialmente revestidos com concreto devem obedecer às disposições construtivas apresentadas na Fig. 5.6:

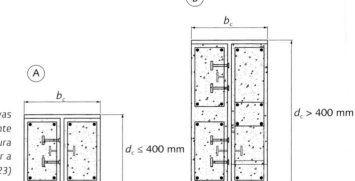

Fig. 5.6 *Disposições construtivas para pilares mistos parcialmente revestidos com concreto: (A) altura até 400 mm e (B) altura superior a 400 mm (NBR 14323)*
Fonte: ABNT (2013a).

- Para garantir a ligação do concreto ao perfil metálico, podem ser usados estribos soldados na alma ou estribos e conectores de cisalhamento tipo pino com cabeça soldados na alma, conforme mostrado na Fig. 5.6A, para alturas de até 400 mm, e na Fig. 5.6B, para alturas superiores a 400 mm. Alternativamente, os estribos podem ser posicionados através de furos na alma, envolvendo a armadura longitudinal de ambos os lados.
- O espaçamento entre os estribos deve atender às prescrições da NBR 6118 e ser limitado a 500 mm.

Pilares mistos preenchidos com concreto

Os pilares mistos preenchidos com concreto devem respeitar as seguintes disposições construtivas:
- não podem ser adicionados conectores de cisalhamento, na região entre o perfil de aço e o concreto do pilar na altura delimitada pela ligação da viga, com o objetivo de resistir ao incêndio;
- deve-se adotar espaçadores e estribos para garantir que a armadura longitudinal do concreto se mantenha em posição;
- o espaçamento entre estribos ao longo do comprimento do pilar deve ser limitado a 15 vezes o menor diâmetro das barras da armadura longitudinal adotada;

- para garantir o preenchimento total do perfil pelo concreto, devem ser realizados furos com diâmetro de 20 mm (ou superior) na parede do perfil tubular espaçados de no máximo 5 m. São obrigatórios pelo menos um furo na base e outro no topo do pilar.

5.6.3 Ligações entre vigas e pilares mistos

As ligações entre vigas e pilares mistos devem ser dimensionadas de forma a garantir um tempo de resistência ao fogo igual ao do componente estrutural que transmite os esforços. Caso o elemento estrutural tenha revestimento contra fogo, o mesmo nível de proteção deve ser garantido à ligação.

As vigas mistas apoiadas em consoles devem ser projetadas de modo a garantir que a viga não deslize sobre o console durante a fase de resfriamento, visando evitar que se desprenda do apoio.

Em situações de incêndio, momentos negativos podem ocorrer nas regiões de apoio de vigas projetadas como biapoiadas devido ao binário formado pela continuidade da armadura da laje de concreto (resultando em uma força de tração) e pela ligação do perfil de aço (resultando em uma força de compressão), conforme apresentado na Fig. 5.7. Com o objetivo de evitar tal momento fletor negativo, deve-se garantir uma folga mínima de 10 mm, para vigas com vãos de até 5 m, e uma folga entre 10 mm e 15 mm, para vigas com vãos superiores a 5 m.

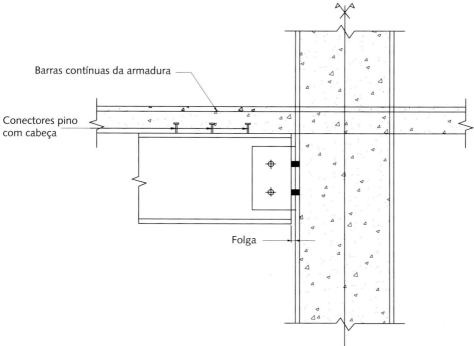

Fig. 5.7 *Possibilidade de ocorrência de momento negativo nos apoios das vigas (NBR 14323)*
Fonte: ABNT (2013a).

Ligações entre vigas mistas e pilares mistos totalmente revestidos com concreto

Nas ligações entre vigas mistas e pilares mistos totalmente revestidos com concreto, a chapa de ligação ou o console podem ser soldados diretamente na mesa do pilar. Tal solda posteriormente será revestida pelo concreto, como mostrado na Fig. 5.8.

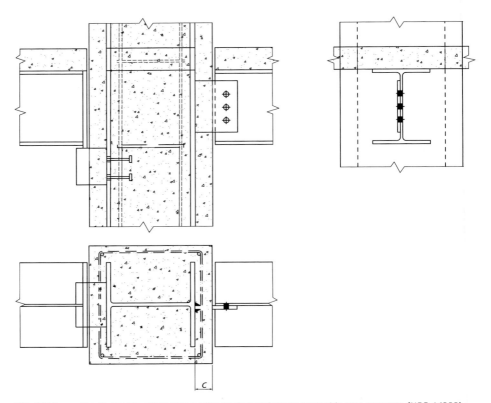

Fig. 5.8 *Exemplos de ligação entre viga e pilar misto totalmente revestido com concreto (NBR 14323)*
Fonte: ABNT (2013a).

Ligações entre vigas mistas e pilares mistos parcialmente revestidos com concreto

Nas ligações entre vigas mistas e pilares mistos parcialmente revestidos com concreto, pode ser usado um console, como apresentado na ligação da viga esquerda da Fig. 5.9 (viga à esquerda do pilar). Nesses casos, os conectores de cisalhamento tipo pino com cabeça devem ser fixados no console e penetrar no perfil de aço, e a solda entre o conector e o console estará diretamente exposta ao fogo. A força cortante resistente dos conectores deve ser calculada com base na temperatura média do console.

Os conectores de cisalhamento podem ser dispensados no console sem material de revestimento contra fogo que atenda às seguintes condições:

- ter espessura superior a 80 mm;

- ser continuamente soldado pelos quatro lados à mesa do pilar;
- ter solda protegida contra radiação direta (solda superior), com espessura mínima de 1,5 vez a espessura das soldas dos outros três lados e dimensionada à temperatura ambiente para resistir a pelo menos 40% da força cortante resistente de cálculo.

Se a ligação entre a viga mista e o pilar misto parcialmente revestido com concreto for feita com o uso de chapa paralela à alma, como apresentado na ligação da viga direita da Fig. 5.9 (viga à direita do pilar), a folga entre a extremidade da viga e a face do pilar não necessitará de nenhuma proteção caso seja menor que 10 mm.

Ligações entre vigas mistas e pilares mistos preenchidos com concreto

A ligação entre vigas mistas e pilares mistos preenchidos com concreto pode ser feita com consoles (Fig. 5.10A) ou chapas de extremidade (Fig. 5.10B). Nesses casos, os esforços devem ser adequadamente transmitidos da viga para o núcleo de concreto do pilar misto por meio, respectivamente, de conectores de cisalhamento e chapas de extremidade paralelas.

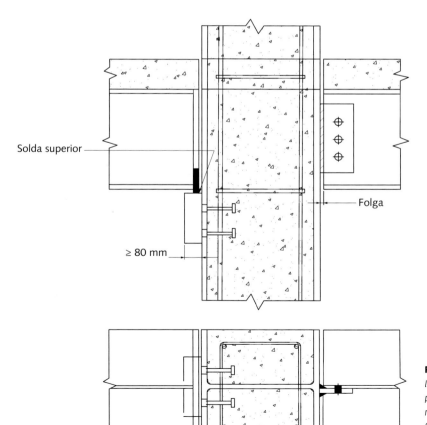

Fig. 5.9 Exemplos de ligação entre viga e pilar misto parcialmente revestido com concreto (NBR 14323)
Fonte: ABNT (2013a).

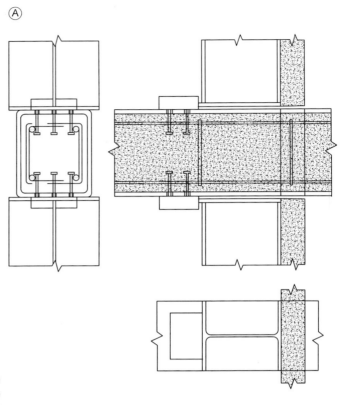

Fig. 5.10 Exemplos de ligação entre viga e pilar misto preenchido com concreto: (A) consoles com conectores adicionais e (B) chapas de extremidade (NBR 14323)
Fonte: ABNT (2013a).

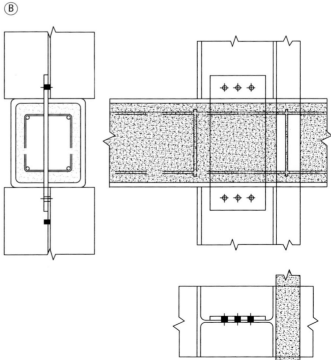

Caso sejam usados consoles sem material de revestimento contra fogo, conectores adicionais devem ser previstos para assegurar que a força cortante seja transmitida. A força cortante resistente dos conectores de cisalhamento deve ser obtida conforme a subseção "Momento fletor resistente de cálculo nas regiões de momentos positivos" (p. 124), considerando a temperatura média do console.

As chapas de extremidade paralelas devem penetrar no pilar e ser soldadas em ambas as paredes opostas do perfil de aço.

5.7 Método avançado de dimensionamento

Os conceitos apresentados na seção 4.5 para o método avançado de dimensionamento de estruturas de aço em situação de incêndio também são aplicáveis para estruturas mistas de aço e concreto.

5.8 Método experimental

Os conceitos indicados na seção 4.6 para o método experimental de dimensionamento de estruturas de aço em situação de incêndio também são aplicáveis para estruturas mistas de aço e concreto.

5.9 Exercícios resolvidos

5.9.1 Dimensionamento de pilar misto com base no método tabular

Problema: verifique o pilar apresentado na Fig. 5.11 para o TRRF de 90 min com base no método tabular. Considere o nível de carga $\eta_{fi} = 0{,}50$, além dos seguintes dados:

- pilar: PS 400 × 400 × 16 × 8;
- aço: ASTM A-36 (f_y = 250 MPa e f_u = 400 MPa);
- concreto: C30;
- armação: 2 × 6 ø 25,4 (CA-50);
- u_s = 50 mm;
- comprimento do pilar: 3.000 mm;

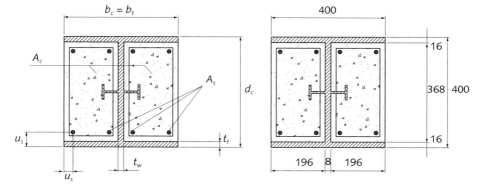

Fig. 5.11 Pilar misto do exercício resolvido

- *área do perfil*: $A_a = 15.744$ mm²;
- *área das armaduras*: $A_s = 6.077$ mm²;
- *área de concreto*: $A_c = 138.178$ mm².

Solução:

A Tab. 5.3 mostra os requisitos mínimos para o dimensionamento de pilares mistos parcialmente revestidos com concreto.
- *Verificações construtivas*: as disposições construtivas a seguir devem ser analisadas.
    - ◊ *Aço do perfil*: aço com resistência ao escoamento entre 250 MPa e 400 MPa e resistência à ruptura entre 400 MPa e 500 MPa. OK!
    - ◊ Relação entre a espessura da alma e a espessura da mesa $t_w/t_f \geq 0,5$. OK!
- *Método tabular*: com base na tabela B.3 da NBR 14323 (ver Tab. 5.3), para o TRRF de 60 min em pilares com $\eta_{fi} = 0,50$, têm-se:
    - ◊ *Dimensões mínimas do pilar b_c e d_c*: as dimensões mínimas dos pilares são de 300 mm. OK!
    - ◊ *Dimensão mínima u_s*: a distância mínima entre a face do pilar e o eixo da armadura é de 50 mm. OK!
    - ◊ *Taxa de armadura mínima*: a taxa mínima de armadura $A_s/(A_c + A_s)$ é de 4%. A taxa existente de armadura no pilar é de 4,3%. OK!

De acordo com o método tabular, o pilar em questão apresenta resistência para 90 min de exposição ao incêndio-padrão.

5.9.2 Dimensionamento de pilar misto com base no método simplificado

Problema: determine o valor da carga de compressão resistente de cálculo em situação de incêndio de um pilar parcialmente revestido ao fim de 60 min de exposição à curva de incêndio padronizada da ISO 834-1 (ISO, 1999) (Fig. 5.12). Considere que o pilar possui altura de 4.800 mm e espaçamento de 200 mm entre os estribos e que faz parte do piso genérico de um pavimento intermediário de uma edificação com nós fixos. Leve em conta que o aço adotado para o perfil estrutural é o ASTM A-36, o concreto é de classe C40 com agregados siliciosos e o aço das armaduras longitudinais é do tipo CA-50, com ø 16,0 mm.

Solução:

O anexo B da NBR 14323 apresenta um procedimento específico para pilares mistos parcialmente revestidos com concreto (ver subseção "Procedimento específico para pilares mistos parcialmente revestidos com concreto", p. 126).
- *Verificações construtivas*: as disposições construtivas a seguir devem ser analisadas.

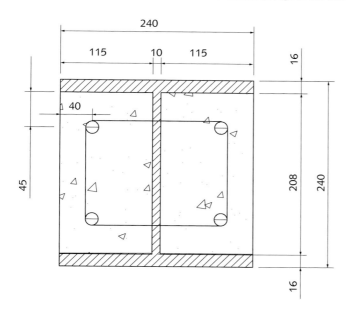

Fig. 5.12 *Pilar misto parcialmente preenchido a ser dimensionado pelo método simplificado*

◊ Comprimento em situação de incêndio

$$L_{ef,fi} = 0{,}50 \text{ mm} \times 4.800 \text{ mm} = 2.400 \text{ mm} \leq 10 \cdot b_c = 10 \times 240 = 2.400 \text{ mm} \quad \text{OK!}$$

◊ Altura da seção transversal do pilar

$$230 \text{ mm} \leq d_c = 240 \text{ mm} \leq 1.100 \text{ mm} \quad \text{OK!}$$

◊ Largura do pilar

$$230 \text{ mm} \leq b_c = 240 \text{ mm} \leq 1.100 \text{ mm} \quad \text{OK!}$$

◊ Taxa de armadura do pilar

$$1\% \leq A_s/A_c = 800 \text{ mm}^2/46.230 \text{ mm}^2 = 1{,}4\% \leq 6\% \quad \text{OK!}$$

◊ Cobrimento da armadura do pilar: o cobrimento das armaduras deve estar entre 20 mm e 50 mm. OK!

- *Procedimento de cálculo*: a força axial resistente de cálculo dos pilares mistos em situação de incêndio é dada por $N_{fi,Rd} = \chi_{fi} \cdot N_{fi,p,Rd}$. Desse modo, será necessário determinar a carga plástica de compressão axial em temperatura elevada, bem como a rigidez à flexão em situação de incêndio.

A seção transversal do elemento será dividida em quatro grupos de elementos: mesas do perfil de aço, alma do perfil de aço, concreto entre as mesas e armadura de reforços (Fig. 5.13).

- Determinação da força axial de plastificação de cálculo e da rigidez efetiva
  ◇ Mesas do perfil de aço

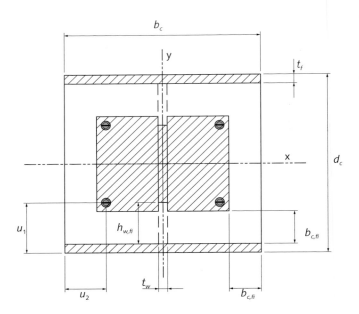

Fig. 5.13 Seção transversal reduzida para dimensionamento em situação de incêndio

A temperatura média das mesas do perfil de aço ($\theta_{f,t}$) pode ser obtida por $\theta_{f,t} = \theta_{o,t} + k_t \cdot (u/A)_p$, sendo $(u/A)_p$ o fator de massividade da seção mista e $\theta_{o,t}$ e k_t parâmetros obtidos na tabela B.6 da NBR 14323 (ver Tab. 5.7). Para o TRRF de 60 min, têm-se $\theta_{o,t} = 680$ °C e $k_t = 9,55$. O fator de massividade da seção é definido por:

$$(u/A)_p = 4 \times 0,240 \text{ m}/0,24 \times 0,24 \text{ m}^2 = 16,67 \text{ m}$$

Logo, calcula-se a temperatura média das mesas:

$$\theta_{f,t} = \theta_{o,t} + k_t \cdot (u/A)_p = 680 + 9,55 \times 16,67 = 839,20 \text{ °C}$$

Para a temperatura $\theta_{f,t}$, a resistência ao escoamento e o módulo de elasticidade do aço das mesas do perfil ($f_{y,\theta,f}$ e $E_{\theta,f}$) são dados por:

$$f_{y,\theta,f} = f_y \cdot k_{y,\theta} = 250 \text{ MPa} \times 0,0905 = 22,62 \text{ MPa}$$

$$E_{\theta,f} = E \cdot k_{E,\theta} = 200.000 \text{ MPa} \times 0,0812 = 16.240 \text{ MPa}$$

Os coeficientes de redução $k_{y,\theta}$ e $k_{E,\theta}$ foram apresentados na seção 4.2.1. Por se tratar de valores intermediários aos apresentados nas tabelas, faz-se uma interpolação linear.

Os valores da força axial de plastificação de cálculo ($N_{fi,pl,Rd,f}$) e da rigidez efetiva (($EI)_{fi,ef,f}$) das duas mesas do perfil de aço em situação de incêndio são dados por:

$$N_{fi,pl,Rd,f} = 2 \cdot b_c \cdot t_f \cdot f_{y,\theta,f} = 2 \times 240 \text{ mm} \times 16 \text{ mm} \times 22{,}62 \text{ MPa} = 173{,}72 \text{ kN}$$

$$(EI)_{fi,ef,f} = E_{\theta,f} \cdot t_f \cdot b_c^3/6 = 16.240 \times 16 \text{ mm} \times (240 \text{ mm})^3/6 = 5{,}987 \times 10^{11} \text{ N} \cdot \text{mm}^2$$

◊ *Alma*

Conforme preconizado na NBR 14323, parte da alma do perfil de aço de altura $h_{w,fi}$, a partir da face interna das mesas, deverá ser desconsiderada. Essa altura é dada por:

$$h_{w,fi} = 0{,}5 \cdot (d_c - 2 \cdot t_f) \cdot \left(1 - (1 - 0{,}16 \cdot (H_t/d_c))^{0{,}5}\right)$$

O parâmetro H_t é fornecido na tabela B.7 (ver Tab. 5.8) e, para o TRRF de 60 min, tem-se $H_t = 770$ mm. Desse modo, calcula-se $h_{w,fi}$:

$$h_{w,fi} = 0{,}5 \times (240 \text{ mm} - 2 \times 16 \text{ mm}) \times \left(1 - (1 - 0{,}16 \times (770 \text{ mm} / 240 \text{ mm}))^{0{,}5}\right)$$
$$= 31{,}4 \text{ mm}$$

A resistência ao escoamento da alma do perfil de aço ($f_{y,\theta,f}$) em situação de incêndio é dada por:

$$f_{y,\theta,w} = f_y \cdot \left[1 - (0{,}16 \cdot H_t/d_c)\right]^{0{,}5}$$
$$= 250 \text{ MPa} \times \left[1 - (0{,}16 \times 770 \text{ mm}/240 \text{ mm})\right]^{0{,}5} = 174 \text{ MPa}$$

Os valores da força axial de plastificação de cálculo ($N_{fi,pl,Rd,w}$) e da rigidez efetiva (($EI)_{fi,ef,w}$) da alma do perfil de aço em situação de incêndio são dados por:

$$N_{fi,pl,Rd,w} = t_w \cdot (d_c - 2 \cdot t_f - 2 \cdot h_{w,fi}) \cdot f_{y,\theta,w}$$
$$= 10 \text{ mm} \times (240 \text{ mm} - 2 \times 16 \text{ mm} - 2 \times 31{,}4 \text{ mm}) \times 174 \text{ MPa} = 252{,}6 \text{ kN}$$

$$(EI)_{fi,ef,w} = E \cdot (d_c - 2 \cdot t_f - 2 \cdot h_{w,fi}) \cdot t_w^3/12$$
$$= 200.000 \text{ MPa} \times (240 \text{ mm} - 2 \times 16 \text{ mm} - 2 \times 31{,}4 \text{ mm}) \times 10 \text{ mm}^3/12$$
$$= 2{,}42 \times 10^9 \text{ N} \cdot \text{mm}^2$$

◊ *Concreto*

Uma camada externa de concreto será desprezada para efeitos de cálculo, sendo que a espessura dessa camada ($b_{c,fi}$) é dada na tabela B.8 da NBR 14323 (ver Tab. 5.9). Para o TRRF de 60 min, tem-se $b_{c,fi} = 15$ mm.

A temperatura média na seção de concreto considerada para cálculo ($\theta_{c,t}$) depende do fator de massividade do pilar misto e do TRRF, conforme apresentado na tabela B.9 da NBR 14323 (ver Tab. 5.10). Para o TRRF de 60 min e $(u/A)_p = 16{,}7 \text{ m}^{-1}$, tem-se $\theta_{c,t} = 364$ °C.

Para a temperatura $\theta_{c,t}$, a resistência característica à compressão do concreto ($f_{ck,\theta}$) é obtida conforme preconizado na NBR 15200 e o módulo de elasticidade do concreto ($E_{c1,\theta}$), conforme o item B.3.1.6 da NBR 14323. Têm-se, portanto, $k_{c,\theta}$ = 0,786 e $\varepsilon_{c1,\theta} = 6,96 \times 10^{-3}$. Assim, $f_{ck,\theta}$ é calculado por:

$$f_{ck,\theta} = f_{ck} \cdot k_{c,\theta} = 40 \text{ MPa} \times 0,786 = 31,44 \text{ MPa}$$

Em seguida, calcula-se $E_{c1,\theta}$:

$$E_{c1,\theta} = f_{ck,\theta}/\varepsilon_{c1,\theta} = 4.511 \text{ MPa}$$

Os valores da força axial de plastificação de cálculo ($N_{fi,pl,Rd,c}$) e da rigidez efetiva ($(EI)_{fi,ef,c}$) do concreto em situação de incêndio são dados por:

$$N_{fi,pl,Rd,c} = 0,86 \cdot \left[\left(d_c - 2 \cdot t_f - 2 \cdot b_{c,fi}\right) \cdot \left(b_c - t_w - 2 \cdot b_{c,fi}\right) - A_s\right] \cdot f_{ck,\theta}$$

$$N_{fi,pl,Rd,c} = 0,86 \times \left[(240 - 2 \times 16 - 2 \times 15) \times (240 - 10 - 2 \times 15) - 800\right] \times 31,44 \text{ MPa} = 940,9 \text{ kN}$$

$$(EI)_{fi,ef,c} = E_{c1,\theta} \cdot \left\{\left[\left(d_c - 2 \cdot t_f - 2 \cdot b_{c,fi}\right) \cdot \left(\left(b_c - 2 \cdot b_{c,fi}\right)^3 - t_w^3\right)/12\right] - I_s\right\}$$

$$(EI)_{fi,ef,c} = 4.511 \text{ MPa} \times \left\{\left[(240 - 2 \times 16 - 2 \times 15) \times \left((240 - 2 \times 15)^3 - 10^3\right)/12\right] - 5,16 \times 10^6\right\}$$
$$= 5,96 \times 10^{11} \text{ N} \cdot \text{mm}^2$$

$$I_s = 5,16 \times 10^6 \text{ mm}^4$$

Os parâmetros A_s e I_s são a seção transversal e o momento de inércia das barras da armadura em relação ao eixo de menor inércia, respectivamente.

◊ *Armaduras do concreto*

Os coeficientes de redução $k_{ys,\theta}$ e $k_{Es,\theta}$ dependem das distâncias u_1 e u_2. A distância u_1 é aquela do eixo da armadura externa à face interna da mesa do perfil de aço, enquanto u_2 é a distância do eixo da armadura externa à face externa do concreto. No pilar estudado, têm-se $u_1 = 40$ mm e $u_2 = 45$ mm. Para os casos em que $u_1 - u_2 \leq 10$ mm, a média geométrica dessas medidas u_{sm} é dada por:

$$u_{sm} = (u_1 \cdot u_2)^{0,5} = 42,4 \text{ mm}$$

Os coeficientes $k_{ys,\theta}$ e $k_{Es,\theta}$ são obtidos nas tabelas B.10 e B.11, respectivamente (ver Tabs. 5.11 e 5.12). Para o TRRF de 60 min, têm-se $k_{ys,\theta} = 0,834$ e $k_{Es,\theta} = 0,625$.

Os valores da força axial de plastificação de cálculo ($N_{fi,pl,Rd,s}$) e da rigidez efetiva ($(EI)_{fi,ef,s}$) das barras da armadura em situação de incêndio são dados por:

$$N_{fi,pl,Rd,s} = A_s \cdot k_{ys,\theta} \cdot f_{ys} = 800 \times 0,834 \times 500 \text{ MPa} = 333,6 \text{ kN}$$

$$(EI)_{fi,ef,s} = k_{Es,\theta} \cdot E_s \cdot I_s = 0,625 \times 210 \times 10^3 \times 5.160.053 = 6,7725 \times 10^{11} \text{ N} \cdot \text{mm}^2$$

◇ *Seção mista*

A força axial de plastificação de cálculo ($N_{fi,pl,Rd}$) em situação de incêndio é dada por:

$$N_{fi,pl,Rd} = N_{fi,pl,Rd,f} + N_{fi,pl,Rd,w} + N_{fi,pl,Rd,c} + N_{fi,pl,Rd,s}$$
$$= 173,7 + 252,6 + 940,9 + 333,6 = 1.700,8 \text{ kN}$$

A rigidez efetiva (($EI)_{fi,ef}$) da seção transversal em situação de incêndio é expressa por:

$$(EI)_{fi,ef} = \varphi_{f,\theta} \cdot (EI)_{fi,ef,f} + \varphi_{w,\theta} \cdot (EI)_{fi,ef,w} + \varphi_{c,\theta} \cdot (EI)_{fi,ef,c} + \varphi_{s,\theta} \cdot (EI)_{fi,ef,s}$$

sendo $\varphi_{i,\theta}$ coeficientes de redução que dependem dos efeitos das tensões térmicas, conforme apresentado na tabela B.5 da NBR 14323 (ver Tab. 5.6). Para o TRRF de 60 min, têm-se $\varphi_{f,\theta} = 0,9$, $\varphi_{w,\theta} = 1,0$, $\varphi_{c,\theta} = 0,8$ e $\varphi_{s,\theta} = 0,9$.

Desse modo, tem-se que a rigidez efetiva da seção transversal em situação de incêndio é:

$$(EI)_{fi,ef} = \varphi_{f,\theta} \cdot (EI)_{fi,ef,f} + \varphi_{w,\theta} \cdot (EI)_{fi,ef,w} + \varphi_{c,\theta} \cdot (EI)_{fi,ef,c} + \varphi_{s,\theta} \cdot (EI)_{fi,ef,s}$$

$$(EI)_{fi,ef} = 0,9 \times 5,987 \times 10^{11} + 1,0 \times 2,42 \times 10^9 + 0,8 \times 5,96 \times 10^{11} + 0,9 \times 6,7725 \times 10^{11}$$

$$(EI)_{fi,ef} = 1,62 \times 10^{12} \text{ N} \cdot \text{mm}^2$$

- *Cálculo da força axial resistente de compressão em situação de incêndio*
    ◇ *Força de flambagem elástica em situação de incêndio*

A força de flambagem elástica em situação de incêndio é dada por:

$$N_{fi,e} = \pi^2 \cdot (EI)_{fi,ef} / L_{ef,fi}^2 = \pi^2 \cdot 1,62 \times 10^{12} / 2.400^2 = 2.773 \text{ kN}$$

◇ *Índice de esbeltez reduzido em situação de incêndio*

O índice de esbeltez reduzido em situação de incêndio do pilar misto é determinado por:

$$\lambda_{0,fi} = \left(N_{fi,pl,Rd}/N_{fi,e}\right)^{0,5} = (1.700,8/2.773)^{0,5} = 0,783$$

$$\varphi_{0,fi} = 0,50 \cdot \left[1 + 0,49 \cdot \left(\lambda_{0,fi} - 0,2\right) + \lambda_{0,fi}^2\right]$$
$$= 0,50 \cdot \left[1 + 0,49 \cdot (0,783 - 0,2) + 0,783^2\right] = 0,950$$

◇ *Fator de redução associado à resistência à compressão em situação de incêndio*

O fator de redução associado à resistência à compressão em situação de incêndio (χ_{fi}) é obtido por:

$$\chi_{fi} = 1 / \left[\varphi_{0,fi} + \left(\varphi_{0,fi}^2 - \lambda_{0,fi}^2 \right)^{0,50} \right] = 1 / \left[0,95 + \left(0,95^2 - 0,783^2 \right)^{0,50} \right] = 0,672$$

◊ *Força axial resistente de cálculo dos pilares mistos em situação de incêndio*

Finalmente, a força axial resistente de cálculo dos pilares mistos em situação de incêndio é dada por:

$$N_{fi,Rd} = \chi_{fi} \cdot N_{fi,pl,Rd} = 0,672 \times 1.700,8 = 1.143,0 \text{ kN}$$

5.10 Exercícios propostos

5.10.1 Dimensionamento de laje mista em situação de incêndio

Problema: determine os campos de temperatura para a laje mista do exercício (Fig. 5.14) considerando a curva ISO 834-1 para os seguintes tempos de exposição: a) 30 min, b) 60 min e c) 90 min. Leve em conta os dados a seguir:

- concreto: C30;
- *fôrma de aço:* Metform-40;
- h_1: 70 mm;
- *espessura:* 0,80 mm;
- *vão:* 4.000 mm.

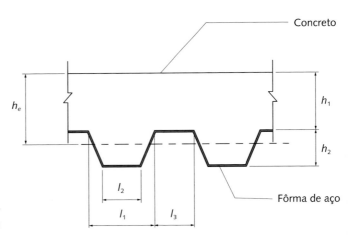

Fig. 5.14 *Laje mista a ser dimensionada*

5.10.2 Dimensionamento de viga mista em situação de incêndio

Problema: determine o momento fletor resistente de cálculo para a viga mista do exercício (Fig. 5.15), com base no método simplificado, para os seguintes tempos de exposição: a) 60 min e b) 90 min. Leve em conta os dados a seguir:

- *concreto:* C25, com espessura de 100 mm;
- *armação da laje:* ø 5,0 c/ 10 cm;
- *conector de cisalhamento:* ø 12,7 mm;
- *perfil de aço:* W 310 × 38,7;

- ASTM A-36;
- *vão da viga*: 6.000 mm.

Problema: determinação dos campos de temperatura.
Determine os campos de temperatura para a viga mista considerando a curva ISO 834-1 para os seguintes tempos de exposição: a) 30 min e b) 60 min.

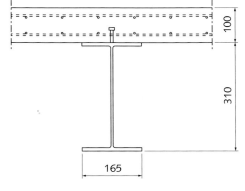

Fig. 5.15 *Viga mista a ser dimensionada*

Problema: dimensionamento de viga mista com base no método avançado de cálculo.
Determine o momento fletor resistente de cálculo da viga mista, com base no método avançado de cálculo, para os seguintes tempos de exposição: a) 30 min e b) 60 min.

5.10.3 Dimensionamento de pilares mistos em situação de incêndio

Para os exercícios desta seção, considerar o pilar apresentado na Fig. 5.16, além dos seguintes dados:
- b_c: 500 mm;
- d_c: 500 mm;
- c: 50 mm;
- *pilar*: PS 400 × 400 × 12 × 8;
- *aço*: ASTM A-36;
- *concreto*: C30;
- *armação*: 4 ø 12,5 (CA-50);
- *comprimento do pilar*: 3.000 mm.

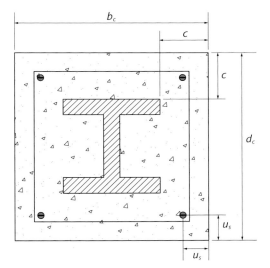

Fig. 5.16 *Pilar misto a ser dimensionado*

Problema: determinação dos campos de temperatura.
Determine os campos de temperatura para o pilar misto do exercício considerando a curva ISO 834-1 para os seguintes tempos de exposição: a) 30 min e b) 60 min.

Problema: dimensionamento com base no método tabular.
Determine a força resistente do elemento estrutural, com base no método tabular, para os seguintes tempos de exposição: a) 30 min e b) 60 min.

Problema: dimensionamento com base no método simplificado.
Determine a força resistente do elemento estrutural, com base no método simplificado, para os seguintes tempos de exposição: a) 30 min e b) 60 min.

Problema: dimensionamento com base no método avançado de cálculo.
Determine a força resistente do elemento estrutural, com base no método avançado de cálculo, para os seguintes tempos de exposição: a) 30 min e b) 60 min.

DIMENSIONAMENTO AO FOGO DE ESTRUTURAS DE MADEIRA

6.1 Diretrizes gerais de projeto

As propriedades térmicas e as propriedades mecânicas possuem grande influência no comportamento de estruturas de madeira em situação de incêndio. Tais propriedades estão relacionadas a fatores intrínsecos à madeira escolhida durante a fase de projeto, como a densidade, o teor de umidade, a orientação das fibras e a composição química da madeira, bem como a fatores extrínsecos, como a temperatura e o tempo de exposição.

A alma da seção (parte interna) de madeira se mantém fria a uma pequena distância da zona queimada. O núcleo que não sofreu aumento de temperatura conserva grande parte de suas propriedades físicas, que colaboram para a capacidade resistente do componente estrutural.

O dimensionamento em situação de incêndio de estruturas de madeira é basicamente a verificação dos elementos e de suas respectivas conexões em altas temperaturas. O calculista pode lançar mão dos métodos avançados de análise termomecânica indicados no Eurocode 5, parte 1.2 (EN 1995-1-2 – CEN, 2004b), ou de métodos experimentais, conforme apresentado na NBR 5628 (ABNT, 2001a).

Este capítulo baseia-se num conjunto de metodologias ainda em aprovação pela Comissão de Estudo de Estruturas de Madeiras da Associação Brasileira de Normas Técnicas (ABNT), e poderão ocorrer alterações no futuro em função do desenvolvimento dessas normas, tendo em conta a nova versão da EN 1995-1-2.

6.2 Curva de incêndio-padrão

O método exposto neste capítulo considera o modelo de incêndio-padrão previamente apresentado, em que a temperatura dos gases no ambiente pode ser obtida por:

$$\theta_g = \theta_o + 345 \cdot \log(8 \cdot t + 1) \qquad (6.1)$$

em que:

θ_g = temperatura dos gases, em °C, no instante t;

θ_o = temperatura do ambiente antes do início do aquecimento, em °C, usualmente tomada como 20 °C;

t = tempo, em min.

6.3 Segurança estrutural

Para garantir a segurança estrutural da edificação de madeira em condição de incêndio, deve-se assegurar a seguinte relação:

$$S_{d,fi} \leq R_{d,fi} \qquad (6.2)$$

em que:

$S_{d,fi}$ = esforços solicitantes de cálculo em situação de incêndio;

$R_{d,fi}$ = esforços resistentes de cálculo em situação de incêndio.

6.4 Ações e combinações

Os esforços resistentes de cálculo em situação de incêndio podem ser obtidos a partir das combinações últimas excepcionais de ações definidas na NBR 8681 (ABNT, 2003).

$$S_{d,fi} = \left(\gamma_g \cdot F_{gk} + F_{qexc} + \gamma_q \cdot \sum_{2}^{n} (y_{2j} \cdot F_{qj}) \right) \qquad (6.3)$$

Os fatores de ponderação γ_g e γ_q são indicados na NBR 8681. Nos casos em que a ação principal for o fogo, o fator de redução ψ_2 poderá ser corrigido multiplicando-o por 0,70, conforme as recomendações da mesma norma.

De maneira simplificada e na ausência de qualquer solicitação gerada pelas deformações impostas em situação de incêndio, as solicitações de cálculo em situação de incêndio ($S_{d,fi}$) podem ser admitidas como 60% das solicitações de cálculo à temperatura ambiente, tomando-se apenas as combinações de ações que não incluem o vento. Ou seja, pode-se considerar:

$$S_{d,fi} = 0,60 \cdot S_d \qquad (6.4)$$

6.4.1 Determinação das resistências de cálculo em situação de incêndio

A resistência da madeira em situação de incêndio ($f_{d,fi}$) pode ser determinada conforme a seguinte expressão:

$$f_{d,fi} = k_{mod,fi} \cdot \frac{f_{0,2}}{\gamma_{w,fi}} \qquad (6.5)$$

em que:

$f_{0,2}$ = resistência em temperatura ambiente para o 20° percentil;

$\gamma_{w,fi}$ = coeficiente de minoração da resistência da madeira em situação de incêndio.

O módulo de elasticidade das madeiras em situação de incêndio pode ser definido por:

$$E_{ef,fi} = k_{mod,fi} \cdot \frac{E_{0,2}}{\gamma_{w,fi}} \qquad (6.6)$$

em que:

$E_{0,2}$ = módulo de elasticidade da madeira em temperatura ambiente para o 20° percentil.

6.4.2 Determinação dos esforços resistentes

Os valores dos esforços resistentes de cálculo em situação de incêndio ($R_{d,fi}$) podem ser obtidos pela seguinte expressão:

$$R_{d,fi} = k_{mod,fi} \cdot \frac{R_{0,2}}{\gamma_{w,fi}} \qquad (6.7)$$

em que:

$k_{mod,fi}$ = 1,0 e inclui os efeitos da redução de resistência e rigidez da madeira;

$\gamma_{w,fi}$ = 1,0.

O parâmetro $R_{0,2}$ deve ser calculado pelos critérios estabelecidos na NBR 7190 (ABNT, 1997) para estruturas em temperatura ambiente, considerando a área resistente conforme apresentada na próxima seção e as propriedades mecânicas substituídas por aquelas referentes ao quantil de 20%, calculadas por meio das seguintes expressões:

$$f_{0,2} = k_{fi} \cdot f_k \qquad (6.8)$$

$$E_{0,2} = k_{fi} \cdot E_{0,05} \qquad (6.9)$$

em que:

$E_{0,05}$ = módulo de elasticidade medido na direção paralela às fibras da madeira, que, levando em conta uma distribuição normal, pode ser considerado igual a 70% do módulo de elasticidade na compressão paralela às fibras ($0{,}7 \cdot E_{c0,m}$).

Os valores de k_{fi} podem ser obtidos na Tab. 6.1.

Tab. 6.1 Valores de k_{fi}

Material	k_{fi}
Madeira serrada	1,25
Madeira laminada serrada	1,15
Painéis à base de madeira	1,15
Madeira microlaminada (LVL)	1,10

6.5 Determinação da seção transversal residual

O método para a avaliação da resistência ao fogo de estruturas de madeira é baseado na diminuição da seção transversal decorrente de perdas das propriedades mecânicas na região carbonizada (Fig. 6.1). A seção transversal residual deve ser determinada desprezando-se a espessura efetiva (d_{ef}), calculada pela expressão a seguir:

$$d_{ef} = d_{char,n} + 7 \text{ mm} \quad (6.10)$$

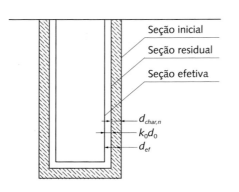

Fig. 6.1 Seção residual de um elemento de madeira em situação de incêndio

em que:

$d_{char,n}$ = espessura levando em conta o efeito de arredondamento nos cantos e nas fissuras, que deve ser considerada constante e pode ser obtida da seguinte maneira:

$$d_{char,n} = \beta_n \cdot t \quad (6.11)$$

em que:

β_n = taxa de carbonização equivalente para madeiras secas, incluindo o efeito de arredondamento de cantos e fissuras (Fig. 6.2).

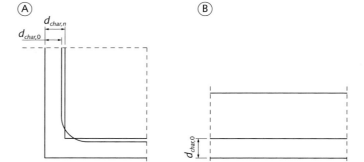

Fig. 6.2 Tipos de carbonização: (A) carbonização básica e nominal, com espessuras $d_{char,0}$ e $d_{char,n}$, respectivamente, e (B) carbonização unidimensional

Para elementos planos, $d_{char,n}$ deve ser substituído por $d_{char,0}$, calculado conforme a seguinte equação:

$$d_{char,0} = \beta_0 \cdot t \quad (6.12)$$

em que:

β_0 = taxa de carbonização unidimensional.

Os valores dos coeficientes β_0 e β_n podem ser obtidos na Tab. 6.2.

Pode-se adotar elementos não estruturais de madeira como revestimento superficial contra fogo, cuja espessura deve ser maior ou igual a $d_{char,0}$. O arranjo de fixação desses elementos é apresentado na Fig. 6.3.

Tab. 6.2 Taxas de carbonização para superfícies sem revestimento β_0 e β_n

Material	Tipo	β_0 (mm/min)	β_n (mm/min)
Coníferas	MLC ou madeira serrada	0,65	0,70
Folhosas[a]	Baixa densidade	0,65	0,70
	Média e alta densidade	0,50	0,55
LVL	ρ aparente $\geq$ 480 kg/m³	0,65	0,70
Painéis[b]	Painéis de madeira	0,90	–
	Compensado e outros	1,00	–

[a]Tanto para madeira serrada como para MLC.
[b]Valores de β válidos para ρ = 450 kg/m³ e $h_p \geq$ 20 mm. Para outras densidades e espessuras, o valor de β_0 deve ser substituído por $\beta_0 \sqrt{\dfrac{9.000}{\rho_k \cdot h_p}}$, com ρ_k em kg/m³ e h_p em mm.

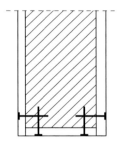 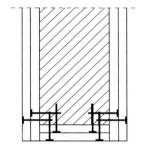 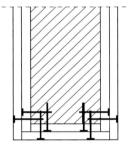

Fig. 6.3 *Arranjo da fixação dos revestimentos de sacrifício*

6.6 Ligações com conectores metálicos

É comum o uso de elementos metálicos, tais como pregos e parafusos, nas conexões dos componentes estruturais de madeira. Quando expostos, devem receber revestimento contra fogo adequado ao TRRF.

Quando a proteção é adquirida por meio do embutimento dos conectores metálicos no interior do elemento estrutural, estes devem ser inseridos a uma profundidade calculada correspondente à seção efetiva. As aberturas para a colocação dos conectores devem ser protegidas com madeira colada (Fig. 6.4).

O esforço resistente de pinos metálicos sem exposição direta ao fogo deve ser calculado como se estivessem em temperatura ambiente, substituindo-se $k_{mod,fi}$ por η.

Para pinos metálicos cuja distância de fixação atenda à disposição $a_2 = a_1 + 40$ mm (Fig. 6.5), o fator η deve ser determinado da seguinte maneira:

$$\eta = 0 \quad \text{para } a_1 \leq 0{,}6 \cdot t$$

$$\eta = \frac{0,44 \cdot a_1 - 0,264 \cdot t}{0,2 \cdot t + 5} \quad \text{para } 0,6 \cdot t \leq a_1 \leq 0,8 \cdot t + 5 \text{ mm} \quad (6.13)$$

$$\eta = \frac{0,56 \cdot a_1 - 0,36 \cdot t + 7,32}{0,2 \cdot t + 23} \quad \text{para } 0,8 \cdot t + 5 \text{ mm} \leq a_1 \leq t + 28 \text{ mm}$$

$$\eta = 1,0 \quad \text{para } a_1 \geq t + 28 \text{ mm}$$

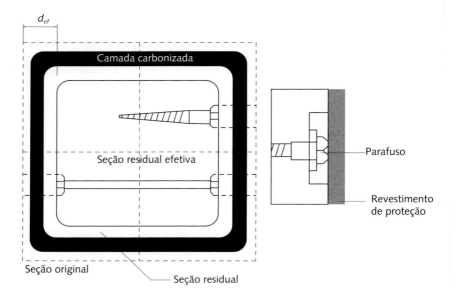

Fig. 6.4 *Detalhe de proteção dos conectores*

Para pinos metálicos cuja distância de fixação respeite $a_2 = a_1$, o fator η deve ser definido da mesma forma, majorando-se t em 25%, sendo t o TRRF.

Em ambos os casos, a seguinte disposição construtiva deve ser atendida:

$$a_3 = a_1 + 20 \text{ mm} \quad (6.14)$$

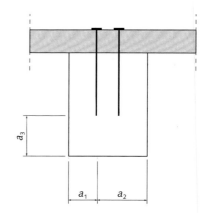

Fig. 6.5 *Definição das distâncias a_1, a_2 e a_3*

6.7 Exercícios resolvidos

6.7.1 Determinação da seção residual de viga de madeira em situação de incêndio

Problema: determine a seção residual de uma viga de madeira exposta a incêndio pelas faces lateral e inferior após 30 min. A viga possui dimensão de 150 mm × 250 mm e é fabricada com madeira conífera.

Solução:

A seção residual pode ser definida calculando-se a perda de espessura efetiva d_{ef}.

- *Determinação da taxa de carbonatação:* para madeiras de origem conífera, tem-se, pela Tab. 6.2, $\beta_n = 0{,}70$ mm/min. Calcula-se então a espessura de carbonização nominal $d_{char,n}$ para 30 min de exposição:

$$d_{char,n} = \beta_n \cdot t = 0{,}7 \text{ mm/min} \times 30 \text{ min} = 21 \text{ mm}$$

- *Determinação da espessura efetiva de carbonização:* a perda de espessura efetiva da camada carbonizada é dada pela equação a seguir.

$$d_{ef} = d_{char,n} + 7 \text{ mm} = 21 + 7 = 28 \text{ mm}$$

- *Determinação da seção efetiva:* a seção efetiva é obtida desconsiderando-se a espessura efetiva de carbonização, conforme apresentado na Fig. 6.6. Tem-se, portanto, uma seção efetiva de 222 mm × 94 mm.

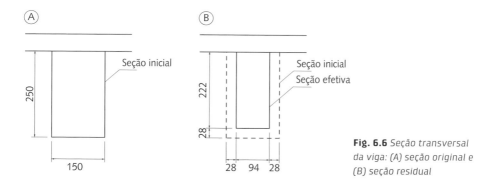

Fig. 6.6 *Seção transversal da viga: (A) seção original e (B) seção residual*

Uma vez definida a seção transversal residual, para o caso de flexão reta deve-se verificar as tensões atuantes na fibra externa comprimida ($\sigma_{c1,fi,d}$) e na fibra externa tracionada ($\sigma_{t2,fi,d}$), garantindo:

$$\sigma_{c1,fi,d} \leq f_{cd,fi} \,;\, \sigma_{t2,fi,d} \leq f_{td,fi}$$

sendo $f_{cd,fi}$ e $f_{td,fi}$ as resistências à compressão e à tração em situação de incêndio.

6.7.2 Determinação da seção residual de pilar de madeira em situação de incêndio

Problema: determine a seção residual de um pilar de madeira totalmente exposto a incêndio após 30 min. O pilar possui dimensão de 250 mm × 250 mm e é fabricado com madeira folhosa de alta densidade.

Solução:

A seção residual pode ser definida calculando-se a perda de espessura efetiva d_{ef}.

- *Determinação da taxa de carbonatação:* para madeiras de origem folhosa de alta densidade, tem-se, pela Tab. 6.2, $\beta_n = 0{,}55$ mm/min. Calcula-se então a espessura de carbonização nominal $d_{char,n}$ para 30 min de exposição:

$$d_{char,n} = \beta_n \cdot t = 0{,}55 \text{ mm/min} \times 30 \text{ min} = 16{,}5 \text{ mm}$$

- *Determinação da espessura efetiva de carbonização:* a perda de espessura efetiva da camada carbonizada é dada pela equação a seguir.

$$d_{ef} = d_{char,n} + 7 \text{ mm} = 16{,}5 + 7 = 23{,}5 \text{ mm}$$

- *Determinação da seção efetiva:* a seção efetiva é obtida desconsiderando-se a espessura efetiva de carbonização, conforme apresentado na Fig. 6.7. Tem-se, portanto, uma seção efetiva de 203 mm × 203 mm.

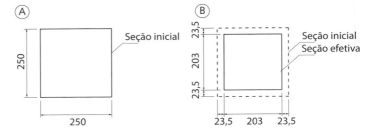

Fig. 6.7 Seção transversal do pilar: (A) seção original e (B) seção residual

AVALIAÇÃO E REABILITAÇÃO DE ESTRUTURAS DANIFICADAS POR INCÊNDIO

Após um incêndio, é necessário realizar uma inspeção para a identificação dos danos. Por meio de uma visita técnica à edificação incendiada, é possível definir os danos ocorridos. A inspeção da edificação deve ser feita o mais brevemente possível, pois determinadas características desaparecem com o tempo e/ou com a remoção dos escombros do material; outras características, por sua vez, são detectáveis somente após um dado período após o incêndio, tais como as resultantes da carbonatação do concreto (Fig. 7.1).

Fig. 7.1 *Museu Nacional (Rio de Janeiro) após o incêndio*
Fonte: Arine Gaspar Filho/ Wikimedia Commons.

A avaliação dos dados pode ser qualitativa ou quantitativa:
- *avaliação qualitativa*: feita através de informações obtidas por inspeção visual;
- *avaliação quantitativa*: realizada por meio de ensaios *in situ* ou laboratoriais em elementos das estruturas ou corpos de prova extraídos. Tais ensaios

permitem a determinação das propriedades residuais dos materiais que constituem o edifício.

A avaliação deve começar na deflagração do incêndio. A observação do modo como ele se propaga e de sua evolução é fundamental. Deve-se documentar a hora de chegada ao local da equipe de combate ao incêndio, a duração do combate e os meios de extinção utilizados. Os peritos técnicos do Corpo de Bombeiros produzirão relatórios que são de extrema importância.

Outros aspectos importantes na análise são a tipologia do edifício, uso e ocupação, os materiais utilizados na estrutura e na vedação, o tipo de carga de incêndio e sua distribuição no interior do edifício, bem como o número e as dimensões das aberturas dos compartimentos (portas e janelas).

7.1 Efeito da temperatura nos materiais
7.1.1 Materiais não estruturais

As propriedades mecânicas e térmicas dos materiais alteram-se quando eles são sujeitos a temperaturas elevadas. Nos materiais estruturais, tal alteração pode resultar na perda de estabilidade dos elementos. Entretanto, nos materiais não estruturais, a degradação de suas propriedades não leva à perda de estabilidade dos elementos da estrutura. As características desses materiais após o incêndio permitem a estimação das temperaturas geradas (Tab. 7.1):
- vidro amolece em aproximadamente 600 °C e flui aos 800 °C;
- arestas vivas de fechaduras e trincos em latão tornam-se arredondadas aos 900 °C~1.000 °C;
- fios de cobre fundem na faixa dos 1.100 °C;
- esquadrias e peças de alumínio fundem na faixa de 600 °C;
- pintura das paredes carboniza e forma bolhas na faixa dos 100 °C.

O perito avalia os materiais não estruturais para ter uma ideia das temperaturas atingidas no incêndio. Essas temperaturas permitem a estimativa das propriedades mecânicas dos materiais estruturais.

7.1.2 Materiais estruturais
Estruturas de concreto armado

Após o incêndio, as estruturas de concreto armado apresentam características que permitem a classificação dos danos. Desse modo, os aspectos visuais, como coloração, fissuração e *spalling*, a deformação residual dos elementos, a flambagem das armaduras principais e o ataque químico dos cloretos resultantes da combustão de plásticos são elementos importantes para a avaliação dos danos da estrutura.

Tab. 7.1 Efeitos da temperatura em materiais não estruturais

Material	Utilização	Fenômeno	Temperatura (°C)
Poliestireno	Contentores de plástico, espuma, persianas, cortinas, rádios	Colapso	120
		Amolecimento	120-140
		Escoamento	150-180
Polietileno	Malas, garrafas, baldes, tubos	Enrugamento	120
		Amolecimento e fusão	120-140
Polimetilmetacrílico	Coberturas, claraboias, vidrados	Amolecimento	130-200
		Bolhas	250
PVC	Cabos, tubos, forros, perfis, puxadores, utensílios domésticos, brinquedos, garrafas	Degradação	100
		Fumos	150
		Escurecimento	200
		Carbonização	400-500
Celulose	Madeira, papel, algodão	Escurecimento	200-300
Soldas	Juntas de tubos	Fusão	250
Chumbo	Canalização, instalações sanitárias, brinquedos	Fusão e arredondamento de bordas com arestas	300-350
		Formação de gotas	350-400
Alumínio e ligas de alumínio	Equipamentos, caixas, suportes, componentes mecânicos	Amolecimento	400
		Fusão	600
		Formação de gotas	650
Vidro	Envidraçados, janelas, portas, garrafas	Amolecimento e arredondamento de lados com arestas	500-600
		Fácil escoamento, viscosidade	800
Prata	Joalheria, talheres, utensílios de cozinha	Fusão	900
		Formação de gotas	950
Latão	Fechaduras, torneiras, puxadores de porta, abraçadeiras	Fusão das bordas	900-1.000
		Formação de gotas	950-1.050
Ferro fundido	Radiadores de calor, tubos	Fusão	1.100-1.200
		Formação de gotas	1.150-1.250
Zinco	Instalações sanitárias, tubos de queda	Formação de gotas	400
		Fusão	420
Bronze	Janelas, ornamentação	Lados arredondados	900
		Formação de gotas	900-1.000
Pinturas	Janelas, portas	Deterioração	100
		Destruição	250
Madeira	Móveis e revestimentos	Combustão	240

Fonte: Schneider (1989).

Alterações químicas dos constituintes do concreto estão associadas a diferentes colorações, e, assim, a avaliação de sua cor permite a estimativa das temperaturas que foram atingidas na estrutura durante o incêndio. Para um aquecimento acima de 300 °C, a cor dos agregados varia de normal para rosa a vermelha (300-600 °C), cinzento-esbranquiçada (600-900 °C) e castanho-amarelada (900-1.000 °C). Tais alterações são mais significativas para concretos constituídos com agregados calcários ou basálticos e menos significativas para agregados siliciosos (Fig. 7.2). Essa avaliação não é excepcionalmente confiável, por se tratar de um aspecto qualitativo e as cores não permanecerem por tempo indefinido.

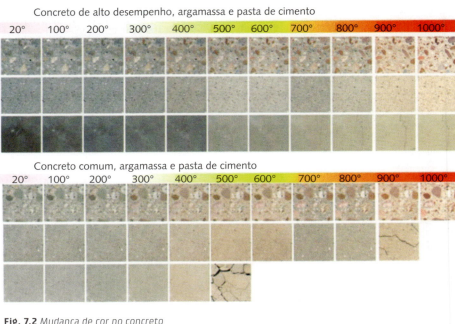

Fig. 7.2 *Mudança de cor no concreto*
Fonte: Hager (2014).

Também é importante avaliar o padrão de fissuração da estrutura. A expansão térmica causada pelas altas temperaturas resulta em fissuras ou fendas, mais ou menos graves, nos elementos que exercem a limitação da expansão, ou seja, elementos em zonas frias. Desse modo, tais fissuras podem aparecer em zonas afastadas do incêndio. A fissuração também pode ocorrer ao longo das armaduras, como consequência da diferença dos coeficientes de expansão térmica do aço e do concreto. Outro tipo de fissuração é a resultante da diferença entre a expansão térmica da pasta de cimento e dos agregados, podendo manifestar-se na superfície ou no interior do concreto. A água utilizada para o combate ao incêndio pode resultar em fissuras de retração devidas ao choque térmico na superfície do concreto e, consequentemente, em *spalling*.

A ação das elevadas temperaturas ocasiona a diminuição da resistência à compressão e do módulo de elasticidade do concreto, assim como da resistência à tração e do módulo de elasticidade do aço das armaduras, o que resulta na diminuição da capacidade resistente dos elementos. Tal fenômeno está associado às grandes deformações permanentes nos elementos estruturais. A aderência entre o concreto e a armadura também diminui com o aumento da temperatura.

O *spalling* acarreta a exposição da armadura a elevadas temperaturas, podendo resultar em sua flambagem, principalmente no caso dos pilares (Fig. 7.3). Os danos nos pilares também podem ser provocados pelo aparecimento de esforços de flexão que as vigas adjacentes lhes causam devido à expansão térmica.

Fig. 7.3 Spalling *em parede de concreto armado*
Fonte: Rodrigues (1994).

Em lajes pré-moldadas com lajotas, a ação das elevadas temperaturas pode resultar na queda das lajotas como consequência da curvatura térmica das lajes. As lajes maciças de concreto armado estão sujeitas a maiores danos do que vigas e pilares, uma vez que sua pequena espessura e o baixo cobrimento das armaduras as tornam mais vulneráveis (Fig. 7.4). Quando a camada de cobrimento sofre *spalling* e desaparece, as armaduras ficam diretamente expostas ao incêndio, sofrendo deformações plásticas permanentes, o que resulta em grandes flechas nas lajes.

A combustão de elementos plásticos, como o PVC, resulta na liberação de íons de cloro que podem penetrar nos elementos estruturais e atacar quimicamente as armaduras. Deve-se, portanto, analisar a profundidade de penetração dos íons na estrutura, para a avaliação do risco de ataque às armaduras.

Fig. 7.4 *Laje de concreto armado danificada por incêndio*
Fonte: Rodrigues (1994).

No caso de estruturas protendidas de concreto, o aço das armaduras ativas é mais afetado pelas altas temperaturas do que o aço das armaduras passivas. Em incêndios de grande intensidade e baixa durabilidade, formam-se grandes gradientes térmicos no concreto, resultando em deformações suplementares que podem provocar a fluência do aço de pré-esforço. Tais deformações permanecem nos elementos após o arrefecimento, mesmo que o aço não tenha sofrido degradações significativas de suas propriedades mecânicas e novamente se encontre na fase elástica. Para incêndios de menor intensidade, mas de longa duração, pode-se verificar a relaxação do aço de pré-esforço e a alteração de suas propriedades, resultando na perda de pré-tensão e na deformação dos elementos.

Estruturas de aço

O rápido aumento de temperatura das estruturas de aço, causado pela alta condutividade térmica do material, resulta em elevadas dilatações dos elementos estruturais. Tais dilatações são responsáveis por muitos dos danos que surgem nessas estruturas em situações de incêndio. A expansão térmica em elementos com restrição ao alongamento leva a deformações plásticas. A degradação das propriedades mecânicas do aço e um aumento nas forças atuantes nos elementos devido à restrição à dilatação podem resultar na instabilidade de vigas e pilares (Fig. 7.5).

A expansão térmica de vigas pode acarretar esforços adicionais de flexão nos pilares adjacentes, com seu consequente colapso. Elementos sujeitos a aque-

Fig. 7.5 *Instabilidade local em pilar de aço*
Fonte: Rodrigues (1994).

cimento diferencial (isto é, expostos ao incêndio por somente um lado) podem sofrer empenamento.

As ligações nas estruturas metálicas também podem estar situadas em zonas afetadas pelo aquecimento (Fig. 7.6). No caso de ligações parafusadas, é possível verificar uma redução no grau de aperto causada pela perda de resistência dos

Fig. 7.6 *Ligação de aço danificada por incêndio*
Fonte: Rodrigues (1994).

parafusos, sendo mais relevante em ligações com parafusos de aço temperado do que em parafusos de aço macio. As ligações podem sofrer falha pela ruptura por corte dos parafusos, provocada pelo aumento dos esforços devido à dilatação térmica. As soldas também são afetadas pelo aquecimento, resultando na diminuição de sua resistência e no aumento de sua ductilidade.

Os cloretos liberados na combustão de alguns plásticos também atacam a superfície dos elementos de aço. Eles podem fixar-se nas superfícies não protegidas do perfil, resultando em corrosão e na consequente perda de seção transversal.

Estruturas de madeira

As estruturas de madeira apresentam comportamento relativamente bom em situação de incêndio. A parte exposta da madeira sofre carbonização, formando a camada carbonizada, que possui baixa condutividade térmica e protege o material do núcleo (Fig. 7.7). Adicionalmente, os elementos de madeira apresentam naturalmente elevada umidade em sua constituição. Desse modo, o calor gerado durante o incêndio é utilizado, durante algum tempo, para a evaporação da água, resultando no retardo do aquecimento dos elementos estruturais.

Em incêndios localizados e de baixa severidade, surgem na superfície da estrutura pequenos depósitos de fuligem e de cloretos, que podem ser removidos

Fig. 7.7 *Carbonização de elementos de madeira*
Fonte: White e West (2013).

por lavagem. No entanto, em incêndios de maior severidade, os elementos de madeira exibem um aspecto de carbonização em seu exterior, e deve-se verificar se a seção efetiva residual ainda é suficiente para resistir aos esforços solicitantes da estrutura.

As estruturas de madeira apresentam, após o incêndio, um cheiro intenso e característico de queimado, que se mantém durante muitos anos e pode ser um fator impeditivo para sua futura reutilização.

7.2 Ensaios para a caracterização das propriedades residuais

As propriedades residuais dos materiais são aquelas obtidas após eles terem sido submetidos a um ciclo completo de aquecimento e arrefecimento. A avaliação dessas propriedades é de importância fundamental para a definição dos trabalhos de reparação que devem ser executados. Sua caracterização é feita por meio de ensaios laboratoriais ou *in situ* em elementos da estrutura ou corpos de prova extraídos dela. Os ensaios a realizar são os comuns da engenharia civil para a avaliação das propriedades mecânicas, térmicas, físicas e químicas dos materiais.

Para a determinação das propriedades residuais de concreto, os seguintes ensaios podem ser efetuados:
- ensaio dos corpos de prova (*core test*);
- ensaio de esclerômetro (*rebound, impact, Schmidt* ou *Swiss hammer test*);
- ensaio de propagação da velocidade por ultrassom (*ultrasonic pulse velocity test, Pundit*);
- ensaio de penetração (*penetration resistance* ou *Windsor probe test*);
- ensaio da fratura interna (*BRE internal fracture method*);
- teste de termoluminescência (*thermoluminescence test*);
- análises petrográficas (*petrography analysis*);
- determinação da densidade de fendas (*determination of crack density*);
- teste da carbonatação (*carbonation test*);
- teste da água química residual combinada;
- análises químicas.

Para a determinação das propriedades residuais do aço das armaduras e das estruturas metálicas, destacam-se os seguintes ensaios:
- ensaio de tração em corpos de prova retirados da estrutura;
- ensaios de dureza Brinell, Vickers ou Rockwell;
- análises metalográficas da microestrutura do aço.

Esses ensaios fornecem resultados com dispersões significativas, tornando-se altamente recomendável a utilização de mais de uma técnica, sempre que possível. A variabilidade desses valores está associada não somente a erros cometidos durante a realização dos ensaios, mas principalmente à grande diferença das propriedades residuais de cada zona, superficialmente e em profundidade, nos elementos da estrutura. Desse modo, torna-se conveniente caracterizar as propriedades residuais em termos de valores médios nas zonas afetadas.

Para a definição do grau de degradação dos materiais devido ao incêndio, os resultados dos ensaios realizados em materiais afetados devem ser comparados com os de zonas não afetadas pelo incêndio. Dessa forma, é possível avaliar a intensidade dos danos.

7.3 Classificação de danos

Uma vez efetuada a análise dos danos existentes em um edifício após o incêndio, deve-se proceder à sua classificação. Cada classe de dano corresponde a um conjunto de trabalhos de restauração, que dependem do tipo da estrutura e dos materiais que a constituem.

Existem diversos sistemas de classificação de danos na literatura específica e, adicionalmente, cada engenheiro projetista pode criar seu próprio sistema. Esses sistemas são geralmente qualitativos, agrupando os dados por graus, e baseiam-se principalmente nas características visuais dos elementos estruturais e dos materiais após o incêndio.

A Fig. 7.8 apresenta o resultado da aplicação de um sistema de classificação de danos, com cinco graus de intensidade, a um andar de um edifício. Os números dentro dos círculos indicam a classe de dano para cada elemento estrutural, sendo que 1 corresponde à ausência de danos e 5, a danos extremos. A avaliação do tipo de intervenção necessária para cada elemento baseia-se na análise detalhada da classificação dos danos realizada na inspeção da obra.

Se a quantidade de elementos com danos severos for muito grande ou caso os elementos principais da estrutura tenham tido danos severos, a decisão do engenheiro perito poderá ser pela demolição da estrutura. Caso contrário, os elementos poderão ser reparados, com o restabelecimento parcial ou total das funções originais da estrutura.

Uma vez feita a avaliação e a classificação, deve-se elaborar um relatório completo sobre os danos existentes, com indicação clara da decisão de demolir ou recuperar a edificação. Os aspectos econômicos devem ser ponderados, e por vezes chega-se à conclusão de que a reabilitação do edifício não é economicamente viável. Caso o perito opte pela reabilitação da estrutura, é necessário indicar quais os elementos a recuperar e como será realizada a reparação de cada elemento.

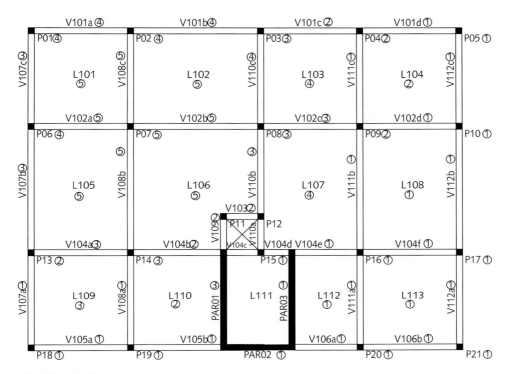

Fig. 7.8 *Avaliação dos danos*
Fonte: Rodrigues (1994).

7.4 Critérios gerais de reparação

Nos casos em que a restauração é viável, pode-se distinguir as seguintes situações: (i) reparação total restituindo as funções originais do edifício; (ii) reparação parcial com reconstrução de alguns elementos e restrição de funções de algumas áreas; e (iii) mudança de uso e ocupação da edificação.

O processo de recuperação deve considerar vários aspectos, nomeadamente:
- os materiais usados na reparação não devem ser de qualidade inferior aos existentes na estrutura, no que tange a durabilidade e resistência;
- a ligação entre os novos materiais e a estrutura existente deve ser tão perfeita quanto possível, com o objetivo de formar uma estrutura monolítica;
- a reforma deve restaurar a capacidade de carga original dos elementos estruturais e corrigir erros de projeto e de construção que eventualmente possam existir;
- deve-se garantir a resistência ao fogo original dos elementos estruturais e de vedação;
- as condições de uso da estrutura devem ser garantidas para estados-limites de serviço e estados-limites últimos;
- as técnicas de reparação não podem colocar em risco a estabilidade dos elementos e a capacidade última da estrutura.

Os trabalhos de reabilitação do edifício devem ser acompanhados de projeto técnico detalhado, com identificação clara das técnicas a serem utilizadas em cada fase da obra. Toda obra deve ser acompanhada de modo criterioso por um engenheiro especializado, devido à complexidade e às técnicas menos usuais adotadas nesse tipo de trabalho.

É necessário tomar cuidado especial com as demolições. As zonas a serem demolidas precisam estar suficientemente afastadas das zonas em processo de restauração, com o objetivo de evitar que os trabalhos de demolição causem danos nas zonas recém-acabadas. A remoção do material resultante da demolição deve ser realizada com o devido cuidado e rapidamente, com o intuito de evitar o acúmulo de cargas na estrutura.

Deve-se verificar a existência de elementos estruturais pré-esforçados, pois a demolição pode resultar na liberação súbita da energia de pré-esforço desses elementos. Adicionalmente, é preciso averiguar se a demolição de elementos estruturais não provoca o aumento do comprimento destravado de flambagem de outros elementos, sendo necessário prever o escoramento nesses casos.

Após reparados, os elementos devem apresentar resistência igual ou maior à que tinham em seu estado original.

7.5 Técnicas de reparação

Diferentes técnicas de reparação podem ser adotadas nos elementos estruturais em função do nível de dano de cada elemento nas diferentes zonas afetadas. Portanto, deve-se considerar um conjunto de aspectos:

- extensão e tipo de danos;
- materiais da estrutura;
- resistência requerida aos esforços solicitantes de cálculo;
- resistência ao fogo requerida;
- durabilidade pretendida;
- acessibilidade na zona a ser reparada;
- tempo disponível para a obra;
- custo da obra;
- equipamentos disponíveis;
- aparência desejada;
- possibilidade de limitação do espaço resultante.

7.5.1 Estruturas de concreto armado

A reparação de estruturas de concreto armado consiste na remoção do concreto que esteve submetido a temperaturas superiores a 300 °C. A isotérmica correspondente a essa faixa de temperatura é caracterizada por uma coloração rosa do concreto, e sua profundidade pode ser determinada pela extração de corpos de prova cilíndricos ou por meio de um cálculo analítico de transferência de calor.

As zonas que sofreram *spalling* devem ser inspecionadas com o objetivo de verificar se a armadura foi exposta ao fogo. Caso a armação tenha sido afetada, precisará ser substituída ou reforçada com armadura adicional.

Podem existir zonas que apresentem bom aspecto visual, mas estejam com integridade estrutural prejudicada. Martelando-se levemente tais regiões, é possível observar o desprendimento do concreto danificado e, consequentemente, a exposição das armaduras. O concreto danificado dessas regiões deve ser removido com martelo ou martelete leve. O uso de ferramentas pesadas pode provocar danos mecânicos ao núcleo de concreto não afetado pelo incêndio.

Uma vez que o material alterado tenha sido removido, a superfície deve ser tratada com jateamento abrasivo para a remoção de fuligem e outras impurezas, bem como para a retirada de danos superficiais que possam existir. Nessa fase, o engenheiro perito deve inspecionar as peças à procura de fendas de maior profundidade que possam comprometer o comportamento estrutural do elemento.

Depois do tratamento, as superfícies precisam ser revestidas com concreto projetado ou com produtos tais como resinas epóxi, argamassa polimérica, argamassas de cimento, rebocos à base de gesso e preparações de fibras minerais projetadas.

Existem diversas técnicas de reforço de estruturas por colagem de elementos à superfície do concreto, destacando-se a colagem de chapas de aço, de materiais laminados, de tecidos de fibras de carbono CFRP (*Carbon Fiber Reinforced Polymer*) ou de mantas ou fios de fibra de vidro GFRP (*Glass Fiber Reinforced Polymer*).

Reparação de lajes

As lajes são elementos especialmente afetados durante incêndios pela concentração de gases quentes na parte superior do compartimento, devido à sua espessura reduzida e ao baixo cobrimento das armaduras (Fig. 7.4). Esses elementos podem ser irremediavelmente danificados em situação de incêndio, principalmente nos casos em que a armadura utilizada seja composta por aço endurecido a frio, uma vez que esse material é muito afetado pelas altas temperaturas devido à baixa espessura das chapas utilizadas na fabricação dos perfis.

Nos casos em que as lajes apresentem deformações excessivas, é necessário realizar sua demolição. Caso não possuam deformações excessivas e os materiais não exibam degradações significativas de suas propriedades mecânicas, pode-se proceder à sua restauração.

Para reparações de danos leves, o concreto danificado é retirado, a superfície é limpa com jateamento abrasivo e o material removido é reposto por concreto projetado. Entretanto, pode ser necessária a utilização de armadura de reforço. Nesses casos, uma malha eletrossoldada normalmente é adotada, sendo fixada à armadura existente por meio de amarração ou solda. A malha também pode ser soldada em espigões de aço, que são cravados e fixados na laje com resina epóxi (Fig. 7.9). Caso o concreto possua grande fissuração, deve-se injetar resina epóxi nas fissuras com o objetivo de assegurar o monolitismo da laje.

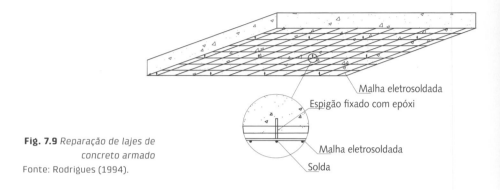

Fig. 7.9 *Reparação de lajes de concreto armado*
Fonte: Rodrigues (1994).

Reparação de vigas

Os métodos utilizados para a reparação de vigas de concreto armado são similares àqueles empregados para a restauração de lajes. No caso de danos leves, deve-se remover o concreto danificado, efetuar jateamento abrasivo ou jateamento com água de alta pressão e reparar com concreto projetado.

Se os danos forem de média extensão, após a eliminação do concreto danificado, deverão ser adicionadas armaduras de reforço (Fig. 7.10). As superfícies são limpas com jateamento abrasivo e cobertas com concreto projetado. Pode ser necessário aumentar a seção transversal do elemento para garantir a segurança da nova condição.

Para danos de grande extensão, a solução mais conveniente pode consistir na demolição da viga e na consequente construção de uma nova. No caso de elementos com fendas profundas, pode-se injetar resina epóxi para garantir o monolitismo do conjunto.

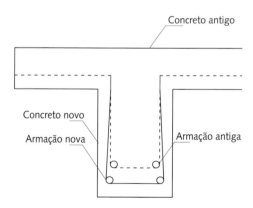

Fig. 7.10 *Reparação de vigas de concreto armado*
Fonte: Rodrigues (1994).

Reparação de pilares

A reparação de pilares pode envolver questões arquitetônicas, uma vez que pode ser necessário aumentar as dimensões originais de sua seção transversal. Caso as espessuras permitam, é possível recorrer à concretagem usual com o auxílio de formas. A espessura do cobrimento pode ser reduzida com a utilização de concreto de alta resistência, visando evitar o aumento excessivo das dimensões do pilar.

A reparação desse tipo de elemento segue os processos descritos anteriormente para lajes e vigas de concreto armado. Para danos leves, basta proceder à remoção do concreto danificado, seguida de limpeza com jateamento abrasivo e recobrimento com concreto projetado.

Entretanto, para danos extensos, pode-se optar pelo reforço do pilar com armadura longitudinal e transversal suplementar (Fig. 7.11). Nos casos em que a armadura tenha sido diretamente exposta ao incêndio, podem existir vergalhões com deformações plásticas significativas. Caso o deslocamento lateral desses vergalhões seja superior à metade de seu diâmetro, eles devem ser substituídos.

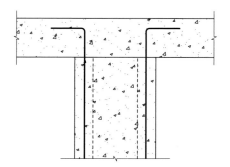
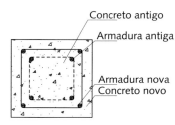

Fig. 7.11 *Reparação de pilares de concreto armado*
Fonte: Rodrigues (1994).

7.5.2 Estruturas de aço

As estruturas de aço sofrem grande aumento de temperatura durante o incêndio, o que resulta em deformações plásticas permanentes significativas. Esse fenômeno é mais grave no caso de estruturas não revestidas contra fogo, e, desse modo, a intensidade e a duração do incêndio tornam-se um fator fundamental no comportamento estrutural.

Quando as deformações dos elementos estruturais são superiores aos valores admissíveis, eles devem ser substituídos. Elementos com grandes deformações podem ser corrigidos por técnicas que utilizam o desempenamento do perfil, entretanto esta técnica nem sempre é aplicada devido a seu elevado custo e complexidade. Os perfis podem ser jateados com material abrasivo e pintados, visando à otimização de sua aparência.

No caso das ligações, recomenda-se a substituição dos parafusos quando existir dificuldade para a avaliação das características deles após o incêndio. As soldas podem perder resistência mecânica e se tornar mais dúcteis, e, assim, recomenda-se também sua substituição.

7.5.3 Estruturas de madeira

No caso de estruturas de madeira, após o incêndio, se a seção residual não afetada não for suficiente para resistir aos esforços solicitantes de cálculo, deve-se executar o reforço ou a substituição dos elementos afetados. Caso contrário, é possível reutilizar a estrutura após a remoção da camada superficial carbonizada. Entretanto, a elevada mão de obra requerida para a execução da tarefa, o cheiro forte de material queimado e critérios estéticos podem ser fatores limitadores na reparação dessas estruturas.

Outro aspecto importante nesse tipo de estrutura está relacionado com as ligações, que podem apresentar elementos metálicos usualmente não protegidos, os quais podem entrar em ruína pela carbonização da madeira na região da ligação. Nesses casos, pode-se optar pela substituição total do elemento e de sua ligação ou pela reparação da ligação. Essa reparação é feita por meio de remoção da camada carbonizada nas proximidades da ligação, aumento do diâmetro dos furos, inserção de um pino de madeira sob pressão nos furos abertos ou abertura de novos furos com diâmetro igual ao do conector original.

7.5.4 Reparações após ataques químicos por cloretos

A queima de plásticos, como o PVC, resulta na liberação de cloretos passíveis de atacar a estrutura. Esse ataque será mais grave em estruturas de concreto armado e concreto protendido, onde os danos podem ser superiores àqueles de origem térmica.

A profundidade de penetração dos cloretos pode ser determinada pela aspersão de uma solução de nitrato de prata na superfície do elemento estrutural ou pela análise química do material. Os valores-limites de concentração de cloretos em relação à massa de cimento são de 0,2%, para estruturas de concreto protendido, e de 0,4%, para estruturas de concreto armado, sendo que tais valores podem ser inferiores para locais com alto teor de umidade e com baixo cobrimento de armaduras. A umidade é o principal meio de penetração de cloretos no concreto em direção à armadura.

Para concretos de estruturas densas com pequena profundidade de penetração de cloretos (0 a 1 mm), as superfícies são tratadas com um jato de água quente sob alta pressão, misturada com um produto de limpeza industrial. Após o tratamento, deve-se fazer a secagem do concreto com ventiladores de ar quente.

No caso de concretos porosos com baixa densidade e com maior profundidade de penetração de cloretos (1 mm a 2 mm), a superfície deve ser tratada com uma solução de hidrato de cálcio (cal apagada) com o mínimo de água possível. Repete-se essa operação duas ou três vezes, espaçadas de oito horas.

Para maiores profundidades de penetração de cloretos, é necessário remover a camada de concreto afetada e projetar concreto para a reposição da seção transversal do elemento.

No caso de estruturas metálicas, que também podem ser atacadas por cloretos, o tratamento da superfície é realizado com abrasivos e produtos de limpeza, seguido de revestimento com óleo. Em estruturas mistas, os tratamentos são executados de maneira similar à apresentada anteriormente para estruturas de concreto.

As estruturas de madeira somente serão afetadas pelo ataque de cloretos quando a concentração deles for muito elevada. Nesse tipo de estrutura, os cloretos atacam a celulose, podendo levar à necessidade de substituição dos elementos afetados.

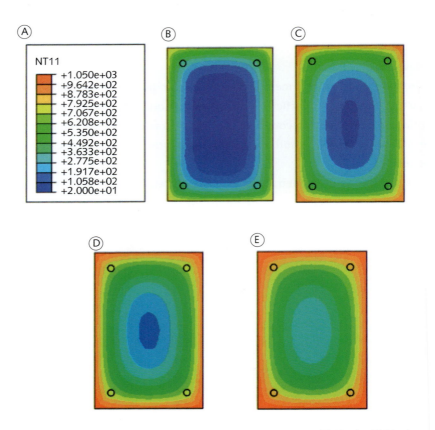

Fig. 3.21 Temperatura na seção transversal: (A) espectro de temperaturas, (B) 30 min, (C) 60 min, (D) 90 min e (E) 120 min

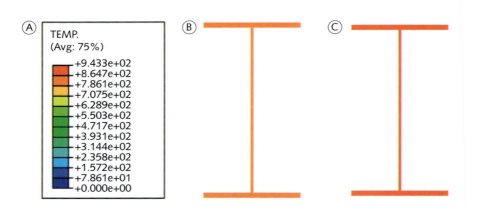

Fig. 4.16 Temperatura na seção transversal: (A) espectro de temperaturas; (B) 30 min de exposição; e (C) 60 min de exposição

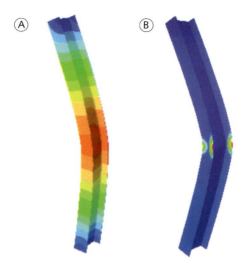

Fig. 4.17 *Resultados da análise: (A) configuração deformada da estrutura e (B) deformações plásticas*

ANEXO

CARGAS DE INCÊNDIOS

Tab. A.1 Valores das cargas de incêndio específicas (NBR 14432)

Ocupação/uso	Descrição	Divisão	q_{fi} (MJ/m²)
Residencial	Alojamentos estudantis	A-1	300
	Apartamentos	A-2	300
	Casas térreas ou sobrados	A-1	300
	Pensionatos	A-3	300
Serviços de hospedagem	Hotéis	B-1	500
	Motéis	B-1	500
	Apart-hotéis	B-2	300
Comercial varejista	Açougues	C-1/C-2	40
	Antiguidades	C-1/C-2	700
	Aparelhos domésticos	C-1/C-2	500
	Artigos de bijuteria, metal ou vidro	C-1/C-2	300
	Artigos de couro, borracha, esportivos	C-1/C-2	800
	Automóveis	C-1/C-2	200
	Bebidas destiladas	C-1/C-2	700
	Brinquedos	C-1/C-2	500
	Cabeleireiro	C-1/C-2	300
	Calçados	C-1/C-2	500
	Drogarias (incluindo depósitos)	C-1/C-2	1.000
	Ferragens	C-1/C-2	300
	Floricultura	C-1/C-2	80
	Galeria de quadros	C-1/C-2	200

Tab. A.1 (continuação)

Ocupação/uso	Descrição	Divisão	q_{fi} (MJ/m²)
Comercial varejista	Livraria	C-1/C-2	1.000
	Lojas de departamento ou centro de compras	C-2	600
	Máquinas de costura ou de escritório	C-1/C-2	300
	Materiais fotográficos	C-1/C-2	300
	Móveis	C-1/C-2	500
	Papelarias	C-1/C-2	700
	Perfumarias	C-1/C-2	400
	Produtos têxteis	C-1/C-2	600
	Relojoarias	C-1/C-2	300
	Supermercados	C-2	400
	Tapetes	C-1/C-2	800
	Tintas	C-1/C-2	1.000
	Verduras	C-1/C-2	200
	Vinhos	C-1/C-2	200
	Vulcanização	C-1/C-2	100
Serviços profissionais, pessoais e técnicos	Agências bancárias	D-2	300
	Agências de correios	D-1	400
	Centrais telefônicas	D-1	100
	Consultórios médicos ou odontológicos	D-1	200
	Copiadoras	D-3	400
	Encadernadoras	D-3	1.000
	Escritórios	D-1	700
	Estúdios de rádio ou de televisão ou de fotografia	D-1	300
	Lavanderias	D-1	300
	Oficinas elétricas	D-3	600
	Oficinas hidráulicas ou mecânicas	D-3	200
	Pinturas	D-3	500
	Processamento de dados	D-1	400
Educacional e cultura física	Academias	E-3	300
	Creches	E-5	400
	Escolas	E-1/E-2/E-4	300
Locais de reunião pública	Bibliotecas	F-1	2.000
	Cinemas ou teatros	F-5	600
	Igrejas	F-2	200
	Museus	F-1	300
	Restaurantes	F-8	300

Tab. A.1 (continuação)

Ocupação/uso	Descrição	Divisão	q_{fi} (MJ/m²)
Serviços automotivos	Estacionamentos	G-1/G-2	200
	Oficinas de conserto de veículos	G-4	300
Serviços de saúde e institucionais	Asilos	H-2	350
	Hospitais	H-1	300
Industrial	Aparelhos eletroeletrônicos, fotográficos, ópticos	I-1	300
	Acessórios para automóveis	I-1	300
	Acetileno	I-1	700
	Artigos de borracha, cortiça, couro, feltro, espuma	I-1	600
	Artigos de argila, cerâmica ou porcelanas	I-1	200
	Artigos de bijuteria	I-1	200
	Artigos de cera	I-1	1.000
	Artigos de gesso	I-1	80
	Artigos de mármore	I-1	40
	Artigos de peles	I-1	500
	Artigos de plásticos em geral	I-1	1.000
	Artigos de tabaco	I-1	200
	Artigos de vidro	I-1	700
	Automotiva e autopeças (exceto pintura)	I-1	300
	Automotiva e autopeças (pintura)	I-1	500
	Aviões	I-1	600
	Balanças	I-1	300
	Baterias	I-1	800
	Bebidas destiladas	I-1	500
	Bebidas não alcoólicas	I-1	80
	Bicicletas	I-1	200
	Brinquedos	I-1	500
	Café (inclusive torrefação)	I-1	400
	Caixotes, barris ou pallets de madeira	I-1	1.000
	Calçados	I-1	600
	Carpintarias, marcenarias	I-1	800
	Cereais	I-2	1.700
	Cervejarias	I-1	80
	Chapas de aglomerado ou compensado	I-1	300
	Chocolate	I-1	400
	Cimento	I-1	40
	Cobertores, tapetes	I-1	600

Tab. A.1 (continuação)

Ocupação/uso	Descrição	Divisão	q_{fi} (MJ/m²)
Industrial	Colas	I-1	800
	Colchões (exceto espuma)	I-1	500
	Condimentos, conservas	I-1	40
	Confeitarias	I-1	400
	Congelados	I-1	800
	Couro sintético	I-1	1.000
	Defumados	I-1	200
	Discos de música	I-1	600
	Doces	I-1	800
	Espumas	H-2	3.000
	Farinhas	H-2	2.000
	Feltros	I-1	600
	Fermentos	I-1	800
	Fiações	I-1	600
	Fibras sintéticas	I-1	300
	Fios elétricos	I-1	300
	Flores artificiais	I-1	300
	Fornos de secagem com grade de madeira	I-1	1.000
	Fundições de metal	I-1	40
	Galpões de secagem com grade de madeira	I-1	400
	Geladeiras	I-1	1.000
	Gelatinas	I-1	800
	Gesso	I-1	80
	Gorduras comestíveis	I-1	1.000
	Gráficas (empacotamento)	I-2	2.000
	Gráficas (produção)	I-1	400
	Guarda-chuvas	I-1	300
	Hangares	I-1	200
	Instrumentos musicais	I-1	600
	Janelas e portas de madeiras	I-1	800
	Joias	I-1	200
	Laboratórios farmacêuticos	I-1	300
	Laboratórios químicos	I-1	500
	Lápis	I-1	600
	Lâmpadas	I-1	40
	Laticínios	I-1	200
	Malharias	I-1	300

Tab. A.1 (continuação)

Ocupação/uso	Descrição	Divisão	q_{fi} (MJ/m²)
Industrial	Máquinas de lavar, de costura ou de escritório	I-1	300
	Massas alimentícias	I-1	1.000
	Mastiques	I-1	1.000
	Materiais sintéticos ou plásticos	I-2	2.000
	Metalurgia	I-1	200
	Montagens de automóveis	I-1	300
	Motocicletas	I-1	300
	Motores elétricos	I-1	300
	Móveis	I-1	600
	Óleos comestíveis	I-1	1.000
	Padarias	I-1	1.000
	Papéis (acabamento)	I-1	500
	Papéis (preparo da celulose)	I-1	80
	Papéis (processamento)	I-1	800
	Papelões betuminados	I-2	2.000
	Papelões ondulados	I-1	800
	Pedras	I-1	40
	Perfumes	I-1	300
	Pneus	I-1	700
	Produtos adesivos	I-1	1.000
	Produtos de adubo químico	I-1	200
	Produtos alimentícios (expedição)	I-1	1.000
	Produtos com ácido acético	I-1	200
	Produtos com ácido carbônico	I-1	40
	Produtos com ácido inorgânico	I-1	80
	Produtos com albumina	I-2	2.000
	Produtos com alcatrão	I-1	800
	Produtos com amido	I-2	2.000
	Produtos com soda	I-1	40
	Produtos de limpeza	I-2	2.000
	Produtos graxos	I-1	1.000
	Produtos refratários	I-1	200
	Rações	I-2	2.000
	Relógios	I-1	300
	Resinas	I-2	3.000
	Roupas	I-1	500
	Sabões	I-1	300

Tab. A.1 (continuação)

Ocupação/uso	Descrição	Divisão	q_{fi} (MJ/m²)
Industrial	Sacos de papel	I-1	800
	Sacos de juta	I-1	500
	Sorvetes	I-1	80
	Sucos de fruta	I-1	200
	Têxteis em geral	I-1	700
	Tintas e solventes	I-2	4.000
	Tintas látex	I-1	800
	Tintas não inflamáveis	I-1	200
	Transformadores	I-1	200
	Tratamento de madeira	I-2	3.000
	Tratores	I-1	300
	Vagões	I-1	200
	Vassouras ou escovas	I-1	700
	Velas	I-1	1.000
	Verduras desidratadas	I-1	1.000
	Vidros ou espelhos	I-1	200
	Vinagres	I-1	80

Fonte: ABNT (2001c).

A.1 Cargas de incêndio específicas

Tab. A.2 Potencial calorífico específico (NBR 14432)

Tipo de material	H (MJ/kg)	Tipo de material	H (MJ/kg)	Tipo de material	H (MJ/kg)
Acrílico	28	Lã	23	Poliéster	31
Algodão	18	Lixo de cozinha	18	Polietileno	44
Borracha	Espuma: 37 Tiras: 32	Madeira	9	Polipropileno	43
Couro	19	Palha	16	Poliuretano	23
Epóxi	34	Papel	17	PVC	17
Grãos	17	Petróleo	41	Resina melamínica	18
Graxa e lubrificantes	41	Policarbonato	29	Seda	19

Fonte: ABNT (2001c).

A.2 Potencial calorífico dos materiais

Tab. A.3 Carga de incêndio específica para acondicionamentos (NBR 14432)

Acondicionamento	q_{fi} (MJ/m³)
Armações de madeira com caixotes de madeira	400
Armações de madeira com prateleiras de madeira	100
Armações metálicas	20
Armações metálicas com prateleiras de madeira	80
Caixotes de madeira ou de plástico	200
Pallets de madeira	400

Fonte: ABNT (2001c).

BIBLIOGRAFIA CONSULTADA

ABNT – ASSOCIAÇÃO BRASILEIRA DE NORMAS TÉCNICAS. NBR 5628: componentes construtivos estruturais – determinação da resistência ao fogo. Rio de Janeiro, 2001a.

ABNT – ASSOCIAÇÃO BRASILEIRA DE NORMAS TÉCNICAS. NBR 6118: projeto de estruturas de concreto – procedimento. Rio de Janeiro, 2014.

ABNT – ASSOCIAÇÃO BRASILEIRA DE NORMAS TÉCNICAS. NBR 7190: projeto de estruturas de madeira. Rio de Janeiro, 1997.

ABNT – ASSOCIAÇÃO BRASILEIRA DE NORMAS TÉCNICAS. NBR 7480: aço destinado a armaduras para estruturas de concreto armado – especificação. Rio de Janeiro, 2007.

ABNT – ASSOCIAÇÃO BRASILEIRA DE NORMAS TÉCNICAS. NBR 8681: ações e segurança nas estruturas – procedimento. Rio de Janeiro, 2003.

ABNT – ASSOCIAÇÃO BRASILEIRA DE NORMAS TÉCNICAS. NBR 8800: projeto de estruturas de aço e de estruturas mistas de aço e concreto de edifícios. Rio de Janeiro, 2008.

ABNT – ASSOCIAÇÃO BRASILEIRA DE NORMAS TÉCNICAS. NBR 8953: concreto para fins estruturais – classificação pela massa específica, por grupos de resistência e consistência. Rio de Janeiro, 2015.

ABNT – ASSOCIAÇÃO BRASILEIRA DE NORMAS TÉCNICAS. NBR 9077: saídas de emergência em edifícios. Rio de Janeiro, 2001b.

ABNT – ASSOCIAÇÃO BRASILEIRA DE NORMAS TÉCNICAS. NBR 10636: paredes divisórias sem função estrutural – determinação da resistência ao fogo – método de ensaio. Rio de Janeiro, 1989.

ABNT – ASSOCIAÇÃO BRASILEIRA DE NORMAS TÉCNICAS. NBR 13528: revestimento de paredes e tetos de argamassas inorgânicas – determinação da resistência de aderência à tração. Rio de Janeiro, 2010a.

ABNT – ASSOCIAÇÃO BRASILEIRA DE NORMAS TÉCNICAS. NBR 14323: projeto de estruturas de aço e de estruturas mistas de aço e concreto de edifícios em situação de incêndio. Rio de Janeiro, 2013a.

ABNT – ASSOCIAÇÃO BRASILEIRA DE NORMAS TÉCNICAS. NBR 14432: exigências de resistência ao fogo de elementos construtivos de edificações – procedimento. Rio de Janeiro, 2001c.

ABNT – ASSOCIAÇÃO BRASILEIRA DE NORMAS TÉCNICAS. NBR 14762: dimensionamento de estruturas de aço constituídas por perfis formados a frio. Rio de Janeiro, 2010b.

ABNT – ASSOCIAÇÃO BRASILEIRA DE NORMAS TÉCNICAS. NBR 15200: projeto de estruturas de concreto em situação de incêndio. Rio de Janeiro, 2012.

ABNT – ASSOCIAÇÃO BRASILEIRA DE NORMAS TÉCNICAS. NBR 16239: projeto de estruturas de aço e de estruturas mistas de aço e concreto de edificações com perfis tubulares. Rio de Janeiro, 2013b.

CEN – EUROPEAN COMMITTEE FOR STANDARDIZATION. EN 1991-1-2: Eurocode 1 – Basis of Design and Actions on Structures – Actions on Structures Exposed to Fire. Brussels, 2002.

CEN – EUROPEAN COMMITTEE FOR STANDARDIZATION. EN 1992-1-2: Eurocode 2 – Design of Concrete Structures – Part 1-2: General Rules – Structural Fire Design. Brussels, 2004a.

CEN – EUROPEAN COMMITTEE FOR STANDARDIZATION. EN 1993-1-2: Eurocode 3 – Design of Steel Structures – Part 1-2: General Rules - Structural Fire Design. Brussels, 2005a.

CEN – EUROPEAN COMMITTEE FOR STANDARDIZATION. EN 1994-1-2: Eurocode 4 – Design of Composite Steel and Concrete Structures – Part 1-2: General Rules – Structural Fire Design. Brussels, 2005b.

CEN – EUROPEAN COMMITTEE FOR STANDARDIZATION. EN 1995-1-2: Eurocode 5 – Design of Timber Structures – Part 1-2: General – Structural Fire Design. Brussels, 2004b.

CEN – EUROPEAN COMMITTEE FOR STANDARDIZATION. EN 13381: Test Methods for Determining the Contribution to the Fire Resistance of Structural Members. Brussels, 2013.

CORPO DE BOMBEIROS DO ESTADO DE SÃO PAULO. *Instrução Técnica n° 08/2011*: resistência ao fogo dos elementos de construção. São Paulo, 2011.

COSTA, C. N.; SILVA, V. P. O método do tempo equivalente para o projeto de estruturas de concreto em situação de incêndio. In: CONGRESSO BRASILEIRO DO CONCRETO, 47., 2005. p 154-167.

HAGER, I. Colour Change in Heated Concrete. *Fire Technology*, v. 49, 2013.

ISO – INTERNATIONAL ORGANIZATION FOR STANDARDIZATION. ISO 834: Fire Resistance Tests – Elements of Building Construction – Part 1.1: General Requirements for Fire Resistance Testing. Geneva, 1999.

PROMAT. *Types of fire exposure*. [s.d.]. Disponível em: <https://www.promat-tunnel.com/en/advices/fire-protection/fire%20curves>.

RODRIGUES, J. P. C. *Recuperação de estruturas danificadas por incêndio*: propriedades mecânicas residuais do aço e do betão. Tese (Mestrado em Estruturas) – Universidade de Coimbra, 1994.

SCHNEIDER, U. *Repairability of Fire Damaged Structures*. CIB W14 Report. Kassel, 1989.

SILVA, V. P.; VARGAS, M. R.; ONO, R. *Prevenção contra incêndio no Projeto de Arquitetura*. Rio de Janeiro: IABr/CBCA, 2010.

WHITE, R.; WEST, F. Post-Fire Analysis of Solid-Sawn Heavy Timber Beams. *Structure Magazine*, p. 38-40, 2013.

BIBLIOGRAFIA COMPLEMENTAR

ABNT – ASSOCIAÇÃO BRASILEIRA DE NORMAS TÉCNICAS. NBR 10897: sistemas de proteção contra incêndio por chuveiros automáticos – requisitos. Rio de Janeiro, 2014.

ABNT – ASSOCIAÇÃO BRASILEIRA DE NORMAS TÉCNICAS. NBR 17240: sistemas de detecção e alarme de incêndio – projeto, instalação, comissionamento e manutenção de sistemas de detecção e alarme de incêndio – requisitos. Rio de Janeiro, 2010.

CEN – EUROPEAN COMMITTEE FOR STANDARDIZATION. EN 1992-1-1: Eurocode 2 – Design of Concrete Structures – Part 1-1: General Rules and Rules for Buildings. Brussels, 2004.

CEN – EUROPEAN COMMITTEE FOR STANDARDIZATION. EN 1993-1-1: Eurocode 3 – Design of Steel Structures – Part 1-1: General Rules and Rules for Buildings. Brussels, 2005.

CEN – EUROPEAN COMMITTEE FOR STANDARDIZATION. EN 1994-1-1: Eurocode 4 – Design of Composite Steel and Concrete Structures – Part 1-1: General Rules and Rules for Buildings. Brussels, 2004.

CEN – EUROPEAN COMMITTEE FOR STANDARDIZATION. EN 1995-1-1: Eurocode 5 – Design of Timber Structures – Part 1-1: General – Common Rules and Rules for Buildings. Brussels, 2004.

CIONE, P.; CROCE, P.; SALVATORE, W. Assessing Fire Damaged to R. C. Elements. *Fire Safety Journal*, v. 36, p. 181-199, 2001.

FERNANDEZ, M. *Patologia y terapéutica del hormigón armado*. 2. ed. Madrid: Editorial Dossat S.A.; E.T.S.I. Caminos, 1995.

GAMBAROVA, P.; FELICETTII, R.; MEDA, A.; RIVA, P. A. *Proceedings of the Workshop on Fire Design of Concrete Structures*: What now? What next? Italy: Politécnico de Milano, 2005.

HARMATHY, T. Z. ACI/SP92: Evaluation and Repair of Fire Damage of Concrete. Detroit: American Concrete Institute, 1986.

JUVANDES, L. F.; MARQUES, A. T.; FIGUEIRAS, J. A. *Materiais estruturais*: reabilitação e reforço de estruturas. Porto: Departamento de Engenharia Civil da Faculdade de Engenharia da Universidade do Porto, 1996.

KIRBY, B. R.; LAPWOOD, D. G.; THOMSON, G. *The Reinstatement of Fire Damage Steel and Iron Framed Structures*. British Steel Corporation, Swiden Laboratories, 1986.

LAMONT, S. *The Behaviour of Multi-Storey Composite Steel Framed Structures in Response to Compartment Fires*. Thesis (Doctor of Philosophy) – University of Edinburgh, 2001.

MOTA, A. S. *Resistência ao fogo de colunas de aço enformado a frio com secção em sigma*. Dissertação (Mestrado Integrado em Engenharia Civil) – Universidade de Coimbra, Portugal, 2017.

SAAFI, M. Effect of Fire on FRP Reinforced Concrete Members. *Composite Structures Journal*, v. 58, p. 11-20, 2002.

SCHNEIDER, U. *Behaviour of Concrete at High Temperatures*. Berlin: Deutscher Ausschuss fur Stahlbeton; Beuth Verlag GmbH, 1982.

SHORT, N.; PURKISS, J. Petrographic Analysis of Fire Damaged Concrete. *fib Workshop on Fire Design of Concrete Structures*: What now? What next? Italy: Politécnico de Milano, 2004.

SHORT, N.; PURKISS, J.; GUISE, S. Assessment of Fire Damage Concrete Using Colour Image Analysis. *Construction and Building Materials*, v. 15, n. 1, p. 9-15, 2001.

SMITH, C. I.; KIRBY, B. R.; LAPWOOD, D. G.; KOLE, K. J.; CUNNINGHAM, A. P.; PRESTON, R. R. The Reinstatement of Fire Damaged Steel Frame Structures. *Fire Safety Journal*, v. 4, n. 1, p. 21-62, 1981.

VARGAS, M. R.; SILVA, V. P. *Resistência ao fogo das estruturas de aço*. Rio de Janeiro: IABr/CBC, 2003.